ANAYA

Operación Pata de Oso

Texto:
María Puncel
Premio Lazarillo
de Literatura Infantil 1971

Ilustraciones:
Karin Schubert

Diseño:
Narcís Fernández

Dirección de la colección:
Antonio Basanta
Luis Vázquez

ÍNDICE

Querido lector:

Hace ya tiempo que, a lo largo de varios años, se me encargó preparar el material informativo que iba a ser dirigido a los adolescentes durante las anuales CAMPAÑAS CONTRA EL HAMBRE. Lo hice lo mejor que pude, pero me causaba una gran preocupación el pensar que estábamos informando a generaciones de chicas y chicos acerca de los sufrimientos de las gentes que en el mundo padecen y mueren a causa de la falta de alimentos y que este gravísimo problema podría llegar a angustiarles como me angustiaba a mí. A través de un amigo mío, ingeniero agrícola, que trabajaba en la FAO (Organización Internacional para la Agricultura y la Alimentación-Food and Agricultural Organization) estudié algunos de los muchos proyectos que se estaban realizando para luchar contra el hambre de los países menos desarrollados. Los cultivos hidropónicos son uno de esos proyectos, que en la actualidad se están llevando adelante con bastante éxito. Se me ocurrió que era casi una obligación por mi parte compartir con los adolescentes esta información sobre una de las soluciones para el hambre del mundo.

En este libro presento, a través de un relato novelado, todo lo que yo aprendí sobre los cultivos hidropónicos.

Espero, querido lector, que la lectura de esta obra te resulte tan interesante y divertida como para mí fue el escribirla.

Mi saludo más cordial.

Operación Pata de Oso

Señor Presidente:

Acabo de terminar la relación de lo que nos ocurrió durante nuestra estancia en la Base Experimental de Nutrición el pasado otoño. La envío inmediatamente, como me mandan que haga.

Suelo tener buenas notas en redacción, pero al escribir esto la verdad es que puse más atención en ser exacta y concisa que en cuidar mi estilo. Nunca pude imaginar que alguien tan importante como el Presidente de mi nación pudiera leer este escrito. Si empecé a prepararlo fue porque Marco me dijo que le gustaría tener un resumen de la aventura que habíamos vivido juntos.

Sólo el abuelo y Duncan han leído lo que he escrito. Mi hermano está de acuerdo en que lo que cuento se ajusta exactamente a lo que él recuerda. Me gustaría que Marco pudiera leer esto también, ya que pensando en él lo escribí.

Admito que puedo haber olvidado algo o equivocarme al contar algún detalle, pero afirmo, bajo palabra de honor, que no he querido ocultar nada o desfigurar la verdad. Mi intención, y estoy segura de que también la de Marco y Duncan, fue colaborar en los experimentos que la B.E.N. y el doctor Yuri Sako hacen para perfeccionar los cultivos hidropónicos.

Cuando empezó la aventura yo no tenía nada planeado de antemano ni tomé la iniciativa en nada; simplemente utilicé sobre la marcha las ocasiones que se me fueron presentando para conseguir el intercambio de muestras del compuesto que el abuelo quería hacer con su amigo.

He escrito el informe, completamente sola y sin ayuda de nadie. Mi padre me ha ayudado, en cambio, a redactar esta carta cuyo contenido someto, junto con todo el escrito que con ella envío, al juicio, que desde ahora espero benévolo, del Presidente de mi nación.

Pinayara Rozarena

1
LLEGADA A LA B.E.N.

AQUELLO es ya el puesto de control —nos explica el agente que conduce el coche que ha ido a buscarnos a la estación.

—¿El puesto de control? —repite Duncan extrañado.

—Sí, la entrada a la Base Experimental —aclara el agente—, todo el recinto está cercado.

Es casi de noche y nos estamos aproximando a lo que a mí me pareció de lejos una simple casita en medio del campo.

—¿Por qué tantas precauciones? —pregunto.

—Se hacen pruebas demasiado importantes ahí dentro, hay que mantener continuamente una vigilancia estrechísima. No creáis que en la B.E.N. entra y sale la gente como quiere.

—Bueno, pero nosotros... —dice Duncan con suficiencia.

—Vosotros, como todos los visitantes, tendréis que pasar por los trámites normales de entrada.

Ya llegamos. El coche aminora la marcha y nos paramos delante de una barrera blanca y roja. Nuestros faros

guiñan un par de veces. Al otro lado de la barrera hay una amplia carretera que se pierde en la oscuridad. De la caseta del puesto de control sale un hombre de uniforme. Nuestro chófer saca la cabeza por la ventanilla.

—Soy yo, Lucas, déjame pasar. Vienen conmigo los nietos del doctor Rozarena.

La barrera se levanta y entramos. Pienso que vamos a enfilar la carretera, pero nos paramos de nuevo y, esta vez, el agente se baja del coche y nos abre la portezuela:

—Bajad, tenéis que pasar la inspección.

Y veo que carga con nuestras maletas y las lleva hasta una mesa grande que hay dentro del puesto de control. Otro hombre de uniforme las abre y empieza a registrarlas.

—¿Por qué miran mi equipaje? —quiero saber.

—No se enfade, señorita, es cosa de pura fórmula, se hace con todos los equipos que entran y salen de la Base.

—¡Pero de nosotros no van ustedes a sospechar! —protesta Duncan.

—No sospechamos de nadie, sólo cumplimos estrictamente las órdenes que nos han dado. Desde el último jardinero hasta el doctor Rozarena, todo el personal pasa por este puesto de control cada vez que entra o sale.

—¿También el abuelo? —se extraña mi hermano gemelo.

—También —confirma categóricamente el hombre uniformado.

—¿No creerán ustedes que el abuelo vaya a ser espía

de sus propios experimentos, verdad? —Duncan está empezando a excitarse.

—Te vuelvo a decir que nosotros no creemos nada. El doctor Rozarena es el primero en desear que se le trate como a todos los demás.

A Duncan le registra uno de los agentes. A mí me han metido en un cuartito con una mujer, también de uniforme, y ella me cachea rápidamente. Ningún posible escondite entre mis ropas escapa a sus manos expertas.

—Es cuestión de trámite ¿comprendes? —se disculpa.

Le digo que sí, que comprendo y salgo del cuartito. Me extraña este recibimiento, pero prefiero no decir nada hasta haberlo comentado con el abuelo.

Sobre la mesa grande está mi maleta abierta. Me fastidia ver mis ropas en manos de este hombre desconocido.

—Por favor, tenga cuidado, al meter ese traje —le digo—, es el que me tengo que poner para la boda de tío Alex y si se rompe o se arruga...

No hay peligro, el hombre es un experto en equipajes. Después de haber vaciado nuestras maletas las está rehaciendo tan bien como lo ha hecho mamá.

Salimos fuera para volver a subir al coche. El hombre que nos recibió nos da ahora unas medallas de plástico colgadas de un grueso cordón. Están herméticamente cerradas y dentro tienen unas fichas con nuestros nombres, edad, nacionalidad y el nombre de la persona que responde por nosotros dentro de la B.E.N., el abuelo, claro.

—Son vuestras contraseñas. Usadlas continuamente mientras estéis dentro del recinto de la Base. Las órdenes son muy severas, cualquier agente puede deteneros si salís de casa sin ellas.

Nos las colgamos del cuello. Ya dentro del coche. Duncan me hace un gesto:

—Vaya un fin de semana que nos espera, no nos van a dejar movernos.

Yo también me estoy temiendo algo parecido, pero es mejor no hacerse mal ánimo por anticipado, así es que me dedico a curiosear por la ventanilla.

Estamos atravesando un parque; alternan pequeños trozos de bosque con terrenos dedicados a cultivos. Vamos despacio. De vez en cuando, una sombra uniformada se destaca de la oscuridad y nos detiene. El agente que nos acompaña se identifica y explica quiénes somos. Una lamparita recorre el interior del coche y enfoca nuestras caras y nuestras medallas-contraseña, luego la sombra se retira y nos da permiso para continuar.

Llegamos a una casita de dos pisos, separada de la carretera por un jardinillo. Nos detenemos definitivamente.

—Hemos llegado —nos comunica el agente.

Bajamos. Mi hermano está aún un poco dolido por lo del registro y antes de despedirse del agente afirma retador:

—En un coche se pueden esconder muchas cosas.

Cualquier día sacaremos o meteremos en la Base algo sin que la policía se entere.

—Prueba, si quieres —ríe el agente—, pero no te será fácil. En la Base no entra ningún coche que no sea nuestro y aun éstos, se registran cada vez que entran o salen.

Duncan da media vuelta hacia la casa sin contestar. Yo digo adiós al agente lo más amablemente que puedo. Después de todo él no tiene ninguna culpa de nada. Abuelita baja ya las escaleras de la entrada para salir a nuestro encuentro:

—¡Qué alegría teneros aquí! Dejadme que os mire.

Y ocurre exactamente lo que yo me estaba temiendo.

—¡Criatura!, ¿qué has hecho con tu pelo? —exclama horrorizada.

—Cortármelo —contesto como sin darle importancia.

—¿Y en qué estaba pensando tu madre? ¿Cómo te ha dejado hacer semejante desaguisado?

Duncan me ayuda:

—Nos estamos preparando para el campeonato juvenil de natación, abuela; tenemos que ir a nadar a la piscina tres veces por semana.

—Era un lío secarme el pelo teniéndolo tan largo —amplío.

—Pareces un chico, ¡bonito aspecto vas a tener en la boda! —se lamenta.

—No lo creas. Mamá me ha encargado un tocado muy bonito, con unas flores aquí y un lazo que se sujeta aquí debajo.

—Ya verás qué birria aquí y qué birria aquí —se burla Duncan.

Abuelita no se queda demasiado convencida con mis explicaciones, pero me deja en paz para enfrentarse con Duncan:

—¡Cómo has crecido!,¡qué guapo estás!

Es verdad que mi gemelo está grande y guapo, pero le molesta muchísimo que se lo digan porque no sabe qué cara poner. Para disimular echa a correr cargando con su maleta dejando a la abuelita plantada en mitad del jardinillo. La miro para ver si se ha enfadado, pero me guiña un ojo y las dos nos echamos a reír; luego seguimos a Duncan dentro de la casa.

Parece muy agradable esta casita que tienen los abuelos dentro de la Base. Por un arco que da al *hall* de entrada veo parte de un amplio cuarto de estar. Reconozco algunos muebles que estaban antes en la casa de la ciudad. Abuelita me explica:

—Nos dieron este pabellón amueblado, pero hemos querido traer cosas nuestras para estar instalados con la mayor comodidad posible.

Estamos dejando en el suelo las maletas cuando oímos una vocecita que dice:

—Hola.

Una niña pequeña nos mira desde detrás de las cortinas del ventanal. Tiene un aspecto de lo más gracioso; se tapa la cara casi del todo y en cambio las piernas le aparecen por debajo de las telas.

—¡Atiza, abuela!, ¿quién es esta pequeñaja? —pregunta Duncan.

—Es Elizabeth, la hija de tía Natalia. En la boda será la señorita más importante después de la novia porque ella llevará los anillos.

—Los voy a llevar en una bandejita que es de «pata» —presume la pequeña. De repente le entra muchísima vergüenza y se va a refugiar en las faldas de abuelita—. No los «conozo» —explica mimosa.

—Sí los conoces, bobita, son los primos. Mira, esta niña es Pinayara y el chico es Duncan.

—No los «conozo» —repite terca.

—Es que no te acuerdas de ellos porque hace tiempo que no los ves.

—Sí los veo, los estoy viendo ahora.

—Claro que los ves y ahora ya te acuerdas de los primos, ¿verdad, rica?

—No los «conozo».

Bueno, a este paso el diálogo puede ser eterno. A mí me divierte, pero Duncan se impacienta:

—¿Dónde están nuestros cuartos, abuelita?

—En el piso de arriba —dice abuelita—. Tú vas a dormir en la cama pequeña del cuarto de tío Alex, Pinayara y Elizabeth ocuparán el cuarto de los invitados.

Ya en la habitación de huéspedes saco mi traje para colgarlo en el armario. Abuelita me ayuda. Elizabeth anda a mi alrededor curioseándolo todo. Duncan ha venido a apoyarse en el marco de la puerta y desde allí nos observa:

—Elizabeth es un nombre demasiado largo para una niña tan pequeña, la llamaremos Eli —ya está Duncan con su manía de acortar los nombres, a mí me llama siempre Pi o Pina. En cambio él se enfada si le llamo Dun.

Cuando bajamos al primer piso ya ha llegado el abuelo. Está con él una muchacha alta y de aspecto muy simpático que viene hacia nosotros en cuanto nos ve. El abuelo nos presenta:

—Hola, muchachos, ¿qué tal el viaje? Os presento a Mary, la mejor ayudante de laboratorio que he tenido en mi vida. En cuanto se case con Alex será vuestra tía, aunque en realidad es demasiado joven para ser tía de dos chicos tan mayorzotes.

—Sólo tienen trece años, Pedro —protesta abuelita—, no son nada mayorzotes, es que están muy altos.

Nos sentamos todos en el cuarto de estar. El abuelo nos pregunta por nuestros padres y luego hablamos un rato de nuestros estudios y también de los entrenamientos para el campeonato de natación. Mary se ha dedicado por completo a Elizabeth y abuelita nos explica que es muy importante que la niña se familiarice y tome simpatía a la novia. Sería un desastre que en la boda se enfurruñase y no quisiera llevar los anillos. Mary parece tener buena mano con los niños porque enseguida entra en charla íntima con Eli que le empieza a contar una historia interminable sobre el osito azul de felpa que abuelita le regaló ayer en el momento de su llegada a la Base.

Duncan enseña al abuelo la medalla que nos han dado en el puesto de control y que lleva, como yo, colgada al cuello:

—Han vaciado nuestras maletas y nos han registrado —se queja.

—Bien hecho —aprueba el abuelo—, eso es lo que se les ha ordenado hacer.

—Sois unos exagerados —digo—, tomáis tantas precauciones que parece que en vez de entrar en una Base Experimental se entra en un campo de concentración.

—Puede que tengas razón —admite el abuelo—. Es desagradable y yo soy el primero en lamentarlo, pero no tenemos más remedio que ser muy estrictos. Es la única manera de estar seguros de que nuestras investigaciones seguirán siendo secretas hasta que estén a punto.

—¿Tan importante es lo que estáis haciendo?

—Sí, Pinayara, muy importante. Estamos trabajando en lo que se llaman cultivos hidropónicos. Un sistema por el que se hacen crecer las plantas sin que estén plantadas en tierra.

—¿Y cómo se alimentan entonces?

—Tienen las raíces sumergidas en una solución de elementos nutritivos. Cultivamos las plantas sobre unas inmensas bandejas de plástico y hemos logrado por este procedimiento cosechas diez veces más abundantes que las logradas por el sistema habitual.

—Es maravilloso, abuelo —se admira Duncan.

—Es algo más que eso, Dun, es algo apasionante. ¿Te das cuenta de que en cuanto sea posible aplicar este procedimiento a cultivos en gran escala podremos acabar con esa terrible plaga que es el hambre?

—¿Se pueden cultivar por ese procedimiento cualquier clase de plantas?

—Hasta ahora hemos experimentado especialmente, con plantas de las que se emplean como pienso para el ganado, pero estamos estudiando variantes de la fórmula para cultivar cereales, tomates y patatas.

—Lo que no comprendo es por qué tenéis que guardar en secreto los experimentos de una cosa tan buena. ¿Qué mal hay en que todos sepan lo que estáis haciendo?

—La fórmula del compuesto que empleamos está todavía en período de experimentación. Hay que comprobar que las plantas que conseguimos de este modelo artificial y forzado, no resultan peligrosas a la larga para la salud de los animales y de las personas, ¿comprendes?

—Sí, claro —admito.

—Por eso hemos tenido que proteger la Base con un destacamento especial de policía militar.

—Protegerla contra qué —quiere saber Duncan.

—Progerla contra la M.U.R.G.A., entre otros espías de menor categoría. La M.U.R.G.A. es una banda de gansters que opera a escala internacional y que ya ha intentado varias veces robarnos la fórmula.

—¿Para qué la quieren?

—Para explotarla por su cuenta. Los cultivadores de todo el mundo esperan con muchísimo interés algo de este estilo hace tiempo. Se podrían hacer con la fórmula negocios fabulosos.

—¿Y qué hace la policía? ¿Por qué no acaba con la M.U.R.G.A.?

—Lucha continuamente contra ella. Muchos de sus hombres han sido detenidos, pero la cabeza dirigente sigue en libertad actuando desde un lugar oculto que ninguno de los miembros de la banda conoce.

—¿Ha conseguido algún miembro de esa banda entrar en la Base? —ya estoy yo también interesadísima en la intriga policíaca.

—No, espero que no —me contesta el abuelo.

—Pues desde fuera poco daño pueden hacer, ¿no? —supongo.

—Nos están dificultando enormemente las comunicaciones y los intercambios con los otros expertos del mundo que trabajan en investigaciones parecidas a las nuestras y eso retrasa el trabajo de todos. Perdemos por su culpa un tiempo precioso; pensad en lo que nuestra fórmula podría hacer en naciones subdesarrolladas.

—¿Hay muchos investigadores en el mundo dedicados a estudiar eso de los cultivos hidro... hidro..., bueno, eso que has dicho antes.

—Hidropónicos. Sí, en muchos países se están llevando a cabo investigaciones en este campo y sería magnífico que pudiéramos seguir de cerca los trabajos de los otros científicos. Especialmente me gustaría hacer intercambios regulares con Yuri Sako, un compañero mío de Universidad que trabaja en una fórmula muy parecida a la nuestra. Sería muy útil que yo pudiera probar su compuesto y que él probase el nuestro.

—¿Y no puedes mandarle una muestra de tu compuesto?

—No, no puedo. Primero porque mi propia policía no me lo permitiría, está de guarnición en la B.E.N. precisamente para que nadie pueda robar una muestra y después porque sería arriesgadísimo sacarla fuera de la Base.

—Si son los propios policías los que se encargan de transportar la muestra y llevársela a Yuri Sako no veo yo qué peligro puede haber —dice Dun.

—En cuanto salieran de nuestras fronteras, los policías ya no serían más que una protección privada y tendrían detrás de ellos a los agentes de la M.U.R.G.A. —contesta el abuelo.

—¿Por qué no mandas entonces la muestra por conducto oficial? La policía internacional se encargaría de custodiar la muestra hasta el laboratorio de tu amigo —apunta Duncan que está muy enterado de las aventuras de la Interpol y todo eso.

—Demasiado complicado, hijito. Tendríamos que montar una oficina para hacer instancias, rellenar formularios y hacer informes. Yo soy un investigador, no un secretario de Consejo de Administración.

—¿No puedes mandarle a tu amigo la fórmula escrita en un papel, en una clave dificilísima y luego enviar por otro lado el código para descifrarla? Tenía que ser muy mala suerte que los de la M.U.R.G.A. consiguieran hacerse con las dos partes de tu mensaje.

—Sí, podría hacer eso, pero en realidad la fórmula en sí tiene poca importancia para Yuri Sako. Empezamos estos estudios juntos y la fórmula de laboratorio sobre la que él trabaja es casi idéntica a la nuestra. No se trata entre él y yo de la fórmula. Se trata de que lo que estamos estudiando es la posibilidad de hacer este tipo de cultivos en gran escala y para ello no podemos emplear los elementos básicos refinados, como se hace habitualmente en los trabajos de laboratorio. Para que los cultivos hidropónicos fueran posibles habría que preparar los compuestos con los elementos que se pueden encontrar en los mercados mundiales a un precio razonable. Aquí es donde resulta interesantísimo, comparar la fórmula que ha conseguido Yuri Sako con la nuestra, ¿comprendéis?

—Tiene que haber mil maneras de hacer un envío camuflado, de forma que no parezca lo que en realidad es —dice Duncan que se ha metido de lleno en el problema y no se da fácilmente por vencido.

—Sí, Dun, tiene que haber mil maneras —admite el abuelo—, pero ninguna de las que se me ocurren me ofrece las suficientes garantías de seguridad y no me atrevo a correr el riesgo. Es algo demasiado grave lo que nos jugamos. Y mientras esa banda de gansters retrasa nuestro trabajo, millones de personas se mueren de hambre cada año.

—Yo también me muero de hambre.

Elizabeth, sentada encima de abuelita y con el osito bien abrazado, acaba de hacer esta afirmación con toda seriedad. Nos reímos. Después de la conversación tan intensa que acabamos de mantener con el abuelo resulta un descanso contemplar a esta pequeña tan gordita y tan sana. Seguro que ella no pasa hambre a pesar de lo que acaba de asegurar.

La niña se queda seria al ver que nos reímos, luego insiste:

—Tengo hambre, abuelita, mucha hambre. Quiero cenar.

Abuelita se la lleva y enseguida oímos una acalorada discusión: Elizabeth quiere cenar antes de bañarse; luego pretende meter el osito en el agua con ella. La voz de abuelita razona reflexiones y al fin, se hace el silencio. Imagino a la niña sentada frente a un plato bien provisto.

El abuelo se ha puesto a leer unos informes. Mi hermano hojea unas revistas. Mary y yo nos ponemos a hablar. Me cuenta cómo es su traje y me pregunta por el mío. Y cuando me explica que van a aprovechar el viaje de novios para asistir en Roma a un congreso sobre cultivos hidropónicos al que también asistirá Yuri Sako, Duncan, que parecía ajeno a nuestra conversación, da un salto en su butaca:

—¡Vosotros podéis llevarle la muestra del compuesto!

—Hombre, Duncan, te creía más espabilado, la verdad —bromea el abuelo—. Eso que se te ha ocurrido es tan facilón que yo creo que ya hasta los miembros de la M.U.R.G.A. deben haberlo descartado. ¿Te imaginas cómo van a registrar el equipaje de Mary y Alex en el puesto de control a la salida?

Duncan se queda un poco chafado por este jarro de agua fría, pero enseguida vuelve a la carga:

—Podríamos escalar la tela metálica por algún sitio o echar una cápsula por los desagües y que alguien se encargase de recibirla al otro lado de las alambradas... —mi hermano tiene la cabeza llena de novelas policíacas.

Mary y el abuelo se ríen divertidos al verle tan apasionado por la aventura.

Llega tío Alex y con él viene Roger, el otro ayudante del abuelo.

—Hola, sobrinos, ¿qué tal desde la última vez que nos vimos?

Nos presenta a Roger y nos ponemos a hablar, pero Duncan es incapaz de salir, así, de repente, de la preocupación polícaca en que está metido y dice con voz de agente confidencial:

—Estábamos conspirando para sacar muestras del compuesto hidropónico fuera de la B.E.N.

Mary corrobora:

—No os podéis ni imaginar la de planes que ha estado haciendo.

—Vaya, muchacho, qué pronto te has metido en nuestra vida de prisioneros científicos —comenta Roger dándole una palmadita en el hombro.

Tío Alex explica a los abuelos:

—Mary, Roger y yo vamos a acercarnos al puesto de control para recibir a Marco.

—¿Quién es Marco? —se interesa Duncan.

—Marco es mi hermano —explica Mary—; viene para nuestra boda, como vosotros, y llega antes que el resto de mi familia, porque viene directamente desde el colegio donde estudia y no hay muchas combinaciones de trenes desde allí.

—¿Cuántos años tiene Marco? —quiere saber mi gemelo.

—Tiene catorce años.

—¿Dónde va a dormir? ¿Aquí con nosotros?

—No, no tenemos sitio para él —explica abuelita—. Marco dormirá en el apartamento de Roger, pero podréis estar juntos todo el día si queréis, le invitaré a comer.

—Os gustará Marco, ya lo veréis —nos dice tío Alex.

Y yo le creo porque me ha gustado Mary y parece lógico que su hermano no sea muy diferente de ella. Me es simpático este chico por anticipado.

Duncan y yo acompañamos a Mary, Roger y Alex hasta el jardín. Roger promete:

—Vendré mañana por la mañana temprano a buscaros con Marco y os llevaré a dar una vuelta por el laboratorio y las naves de cultivos ¿queréis?

—Ya lo creo, estupendo —contesta Duncan encantado.

—Estamos deseando ver todas esas maravillas que estáis consiguiendo —le digo yo.

Ya van a salir cuando aparecen abuelita y Elizabeth. Alex besa a su madre al desearle las buenas noches y la niña reclama:

—A mí también.

Tío Alex coge en brazos a la pequeña y la zarandea en el aire jugando con ella, pero Eli se resiste y declara muy dignamente:

—Déjame en el suelo, que ya soy muy mayor para estar en brazos.

—Esta pequeñaja tiene complejo de persona importante —se indigna Dun.

Tío Alex le sigue el juego a la niña, la pone en el suelo y la besa ceremoniosamente una manita:

—Elizabeth es una personita muy importante, va a llevar los anillos en nuestra boda, ¿verdad que vas a ser muy cuidadosa con ellos? Si los perdieras sería terrible: Mary y yo no nos podríamos casar.

—No se me perderán —promete Eli.

Siguen hablando. Estamos todos en grupo dentro de la ancha franja de luz que sale de la puerta de la casa. El abuelo se ha quedado dentro del *hall* y pasea de un lado a otro completamente ajeno a nuestra charla.

Un hombre de uniforme sale de las sombras que proyectan sobre la carretera cercana a un grupo de árboles altos. Veo la silueta de su gorra de plato y el bulto del arma en su cadera. Roger se separa de nosotros y sale a su encuentro. Hablan en un susurro y me es completamente imposible distinguir ninguna de las palabras que pronuncian. Alex y Mary se despiden rápidamente de nosotros para reunirse con ellos y los cuatro se alejan camino del puesto de control. ¿Se hablará siempre en secreto en la B.E.N. o es este un caso especial?

Cuando entramos en la casa Dun y yo, el abuelo está diciendo:

—Venid de una vez y a ver si cenamos. Es muy tarde y tengo hambre.

Vamos todos hacia el comedor, pero Eli se enfrenta con nosotros:

—Tenéis que reíros —ordena autoritaria.

—¿Que tenemos que hacer qué? —me extraño.

—Que ahora tenéis que reíros. Antes os habéis reído porque yo he dicho que tenía hambre; ahora lo ha dicho el abuelo. Tenéis que reíros.

Y nos reímos, claro. Aunque Duncan refunfuña algo sobre las niñas insoportables de puro mimadas. Hay que reconocer que Eli es graciosa, y tiene personalidad.

La niña sube a acostarse y los mayores nos sentamos a cenar. Al cabo de diez minutos Eli llama para que le llevemos el osito, que se le ha olvidado en alguna parte. Me levanto para ir a buscarlo. Lo encuentro en el cuarto de baño, lo recojo y, cuando ya voy a salir, oigo voces justamente debajo de la ventana, que está entreabierta. No he encendido la luz porque se ve bien con la claridad del pasillo, así es que puedo asomarme un poco sin temor a que me vean desde fuera. Tío Alex y el hombre de uniforme hablan bajito:

—... dentro de la Base... alguien... un plan... seguro... esta noche no...

No puedo atrapar más que palabras sueltas y me quedo intrigadísima. Es feo escuchar, ya lo sé, pero aquí tiene todo tanto aire de misterio que tengo la curiosidad de punta.

Cuando tío Alex entra en el comedor viene muy serio, o al menos, me lo parece.

Después de cenar abuelita nos manda a la cama:

—Quiero que descanséis para que pasado mañana estéis muy guapos y con muy buena cara.

Eli duerme ya cuando entro en el cuarto.

2

POR LA MAÑANA

EN cuanto me despierto por la mañana y me veo en una cama que no es la mía me vienen de golpe a la memoria los recuerdos de la noche anterior: el puesto de control, Yuri Sako, el compuesto hidropónico, la M.U.R.G.A.... Todavía en pijama, me asomo a la ventana para ver el aspecto que tiene el recinto de la Base a la luz del día.

Así, de pronto, tiene un aire bien inocente: campos de cultivos, prados muy verdes, caminos y carreteras bien cuidados y varias edificaciones allá a lo lejos que tienen aspecto de garajes con techos y paredes de cristal. Veo hombres, vestidos con monos blancos que van y vienen. En todas las puertas y en el cruce de la carretera con el camino hay hombres con uniforme de policía y una pistola en la cadera. Me confirmo en lo que le dije anoche al abuelo: «Parece un campo de concentración».

—Hola —Elizabeth ha venido a asomarse a mi lado.

—Buenos días, Eli.

—¿Qué pone, di? —y me señala las letras que los hombres del mono blanco llevan bordadas en la espalda.

—¿No conoces las letras, Eli?

—Sí las «conozo», sí.

—Pues entonces lee, anda.

—B y e... be, Be... ben. Ben, pone ben —me asegura muy seria—, pero es una tontería porque «ben» no quiere decir nada.

—Sí, sí quiere decir, es que son sólo iniciales. B.E.N. quiere decir Base Experimental de Nutrición.

Me mira con los ojos muy abiertos, no sé bien si admirada de mi sabiduría o un poco dudosa de que en tan pocas letras haya yo podido leer un nombre tan largo. Lo olvida en seguida para pasar a algo más positivo:

—Quiero desayunar, tengo hambre.

—¡Qué niña, no piensa más que en comer! Nos vestimos y bajamos al comedor donde ya están los abuelos y Duncan sentados a la mesa.

Me he puesto pantalones y un jersey para estar más cómoda, abuelita me mira con gesto desaprobador:

—Con ese pelo y pantalones estás igualita que tu hermano. Todo el mundo va a creer que eres un chico.

—No hagas caso —me defiende el abuelo—, eres más guapa que ningún chico: nadie va a confundirte.

—Cuánto más mona estarías con una faldita —insiste la abuela.

Menos mal que Eli tiene la buena idea de querer sentarse encima de ella para ponerse a reclamar su desayuno y esto hace olvidar un tema sobre el que abuelita y yo no vamos a ponernos de acuerdo. Para ir al colegio y para reuniones me gusta ponerme faldas, pero para andar de acá para allá son mil veces más cómodos los pantalones.

Alguien llama a la puerta de entrada y abuelito se levanta para ir a abrir. Es el agente que nos trajo anoche:

—Pase, sargento, pase —invita el abuelo.

El sargento trae un montón de cartas y revistas que pone sobre la mesa. Me fijo en que las cartas están abiertas. La censura, claro. También el paquete que trae en la mano está abierto. En cambio el telegrama está cerrado.

—Mira, abuelo, la censura te ha respetado el telegrama —comento.

—No lo creas, Pinayara, el telegrama viene cerrado porque ha llegado directamente al puesto de telégrafo de la Base y desde allí por pura fórmula me lo envían así, pero ya se habrán cuidado de guardar una copia, ¿verdad, sargento?

—Esas son las órdenes, doctor, ya lo sabe usted.

—No sé cómo consientes que te hagan esas cosas —se sulfura Dun.

—Tengo que dar ejemplo a los demás, Dun, no permitiéndome ninguna excepción a mí mismo puedo exigir el más riguroso control para todos los demás trabajadores de la Base, ¿comprendes?

—Sí, claro, aunque me parece una exageración.

—Sargento Martin —dice el abuelo mientras empieza a revisar la correspondencia— ya pueden ustedes vigilar bien estos días. Estoy seguro de que Dun tiene la intención de robarnos una muestra de compuesto hidropónico.

El sargento Martin se echa a reír y mira a Duncan burlonamente. Debe recordar los comentarios que mi hermano hizo sobre la posibilidad de sacar algo de la Base sin que la policía se diera cuenta.

—Bueno, ríase si quiere, pero en cuanto se descuiden ya verán lo que pasa —dice Duncan retador.

—No nos descuidamos, Duncan, te lo aseguro.

Eli ha terminado su taza de cacao y nos mira relamiéndose los bigotes que le han dejado marcados los bordes de la taza:

—¿Qué hay en esa caja que tienes? —y señala el paquete que el sargento conserva todavía en la mano.

—Ha llegado también en el correo, me parece que es la comida para peces que pidieron hace días —contesta el sargento Martin.

—Vaya, ya era hora de que llegase —dice abuelita—. La pobre Dorita lleva varios días casi en ayunas, otra comida no le gusta. Vamos a dársela en seguida.

—¡Yo se la doy! —Eli corre a coger el paquete de manos del sargento.

Para que la niña no haga un estropicio el sargento la ayuda a levantar la tapadera, dentro hay unos botecitos de plástico transparente llenos de algo que parece bicarbonato. ¡Qué cosas más raras come Dorita! Eli ha atrapado uno de los botecitos y trata de abrirlo; hace verdaderos esfuerzos pero no lo consigue, rechaza tozudamente la ayuda que le brindamos y repite los tirones a la tapa hasta ponerse roja a causa del esfuerzo. El sargento la mira hacer sonriendo pacientemente.

El abuelo ha leído el telegrama mientras tanto y se ha quedado pensativo. Abuelita vuelve a la mesa del desayuno para preguntarle:

—¿De quién es?

Él ni se entera de que le están hablando.

—Pedro, óyeme, hombre, dime de quién es el telegrama —repite abuelita.

—¿Qué, me decías algo? —habla como si acabase de llegar de otra galaxia.

—Claro que te estoy hablando —ríe abuelita señalando el papel que él tiene en la mano—. ¿De quién viene eso? ¿Qué ocurre?

—Lee, lee; verás cuántos quebraderos de cabeza le llueven a un pobre científico que lo único que quiere es trabajar tranquilamente.

Abuelita toma el telegrama y yo no puedo resistir la tentación de echarle una ojeada por encima de su hombro. Lo único que puedo leer es la firma: Pablo. No conozco a ningún Pablo y dejo de interesarme por el telegrama. Abuelita se ha quedado seria, en cambio, y mira al abuelo.

Eli no consigue abrir el botecito y, por fin, se rinde y lo pasa al sargento; éste pone cara de hacer mucho esfuerzo para que Eli no se sienta demasiado incapaz y lo abre:

—Estaba muy apretado, Eli, he tenido que tirar con todas mis fuerzas.

—Vamos a echarle comida a Dorita —ordena Eli expeditiva.

—Espera un poco, no sabemos cuánta hay que ponerle —la detiene el sargento Martin prudente. Y pregunta a la abuelita que contesta:

—Pues la verdad es que tampoco yo lo sé, es la primera vez que vamos a usar esta nueva marca. Vamos a ver lo que pone en las instrucciones.

En la parte interior de la tapadera de la caja hay pegado un papel, pero no podemos leerlo porque está escrito con unas letras muy raras que a mí me recuerdan el japonés.

—Pedro, no entiendo lo que pone, a ver si tú puedes traducírmelo —pide abuelita. El abuelo coge la tapadera y sin prestar demasiada atención, parece estar muy preocupado por algo, empieza a traducir despacio:

—Espolvorear ligeramente sobre la superficie del agua, este producto es un poderoso concentrado de...

—Bueno, pues ya has oído, Elizabeth, tienes que echar un poquito, sólo un poquito —resume abuelita.

Eli está empeñada en ser ella quien eche la comida a Dorita, así es que el buenazo del sargento la coge en brazos para subirla hasta la altura necesaria y que pueda dominar bien la pecera.

Dorita sube como una flecha hacia la superficie y empieza a tragar y a tragar las pequeñas partículas que la niña va dejando caer.

—Mira, mira cuánta hambre tenía Dorita —grita Eli excitada.

—Sí, verdaderamente la pobre debía de estar muerta de hambre —asiente el sargento.

Los abuelos están serios y Duncan y yo terminamos de desayunar en silencio. No nos atrevemos a iniciar una conversación que podría ser inoportuna. ¿Qué pasa?

—No te preocupes demasiado, Pedro —pide abuelita—. Ten calma, acuérdate de que te sube la tensión en cuanto te excitas.

—Son problemas demasiado graves para tomarlos con tranquilidad.

—El día en que te pongas enfermo se acabará para ti buscarle solución a ningún problema por grave que sea. Sólo si eres capaz de trabajar con serenidad podrás seguir siendo útil.

—Tienes razón —admite el abuelo.

—¡Mirad qué cosas tan raras hace Dorita! —nos grita Eli.

Para deshacer un poco la tensión que hay alrededor de la mesa del desayuno nos levantamos y nos reunimos junto a la pecera. Dorita está abriendo y cerrando la boca con movimientos convulsivos, parece como si se ahogase. De repente da unos coletazos nerviosos y sufre un estremecimiento que la sacude toda. Se queda quieta durante unos segundos y luego, lentamente, muy lentamente se va volviendo panza arriba y empieza a ascender hacia la superficie. Abuelita mira a su pececita tristemente. Todos nos hemos dado cuenta de que Dorita está muerta.

El abuelo ha cogido el botecito y lo mira fijamente. Mete después un dedo en la pecera para tocar el cuerpo inmóvil de Dorita, enseguida moja el dedo en el agua de la pecera y se lo lleva a la boca. Le tiembla un poco la mano que sostiene el botecito lleno de los polvos blancos que parecen bicarbonato.

El sargento Martin le mira asustado:

—Yo no dejé que la niña pusiera demasiado, doctor, le aseguro que apenas le echamos comida a Dorita. Quizá esos polvos eran fuertes para ella.

—Sí, me temo que eran excesivamente fuertes. De todas formas ya no tiene remedio ¡qué le vamos a hacer!

—Lo siento de veras —el sargento ha puesto a Eli en el suelo y, después de un rápido saludo a todos, se va.

Eli nos mira a todos y viene a preguntarme bajito:

—¿Se ha muerto Dorita?

—Sí, Eli, se ha muerto.

En el mismo tono confidencial me pregunta:

—¿Nos la podemos comer frita? ¿Estará buena?

Afortunadamente nadie más que yo la ha oído. El abuelo le está ordenando a Duncan:

—Llama al laboratorio, que vengan Alex y Roger inmediatamente.

Mientras mi hermano telefonea, el abuelo cierra con mucho cuidado el botecito, saca los otros que hay en la caja y los mira al trasluz uno tras otro. Compara unos con otros, como si quisiera comprobar que todos contienen el mismo producto y luego los guarda otra vez. Duncan vuelve del teléfono:

—He hablado con tío Alex; me ha preguntado qué pasaba. Le he dicho que yo no sabía, que tú se lo explicarías. Los dos estarán aquí en un minuto.

El abuelo hace un leve gesto afirmativo con la cabeza y pasa un dedo, suavemente, por el borde biselado del cristal de la pecera:

—Sí, ahora cuando lleguen los chicos os lo cuento a todos. ¡Pobre Dorita, víctima inocente de la investigación científica!

—¿Por qué dices eso? —pregunto intrigada.

—¿Qué tiene que ver Dorita con la investigación científica? —insiste Duncan.

—¿Os acordáis de Yuri Sako? —nos pregunta a su vez el abuelo con una sonrisita enigmática.

—Claro que nos acordamos, es tu amigo de la universidad el que está trabajando en una fórmula de compuesto parecida a la tuya.

—Ése con el que te gustaría intercambiar muestras para...

Duncan se interrumpe porque el abuelo ha acentuado su sonrisa y su gesto es ahora tan significativo que mi hermano y yo caemos en la cuenta al mismo tiempo:

—¡No me digas que...! —empiezo yo.

No puedo terminar la frase. Tío Alex y Roger entran como dos trombas en la habitación:

—¿Qué ocurre, padre? —pregunta tío Alex jadeante.

Han debido venir a buen paso, están los dos sofocados.

—Yuri Sako lo ha conseguido, muchachos —informa escuetamente el abuelo.

—Dorita se ha muerto —dice abuelita que sigue contemplando tristemente la pecera.

Roger se vuelve hacia la pecera, pero el abuelo le intercepta el paso y le pone en la mano uno de los botecitos.

—¿Te imaginas qué puede ser esto? Míralo tú también Alex.

Roger coge un poquito de polvo entre los dedos, lo desmenuza y, de pronto, se lo lleva a los labios y lo prueba con la punta de la lengua. Mira al abuelo y a Alex con los ojos brillantes:

—¡Yo diría...! Esto parece un compuesto del tipo TX/2. ¿De dónde ha sacado usted esto, doctor? Tenemos que analizarlo.

—Hay que analizarlo desde luego, Roger, pero desde ahora te aseguro yo que es un compuesto del tipo TX/2. Ese magnífico Yuri Sako ha cumplido su palabra. Me prometió que buscaría el modo de hacerlo y lo ha logrado.

Todos nos ponemos a hacer comentarios al mismo tiempo sobre el ingenioso método que Yuri Sako ha empleado para enviar la muestra de su compuesto.

—Abuelo, nosotros tenemos que enviarle una muestra del nuestro como sea —dice Duncan que también tiene los ojos brillantes.

—Como sea, no, Dun; lo haremos de una forma que ofrezca garantías de seguridad. Tenemos que corresponder —asegura firmemente el abuelo.

—¿Cuándo? ¿Cómo lo vas a hacer? —insiste Duncan.

Pero el abuelo ya no le está escuchando, habla con Roger dándole instrucciones:

—Hay que montar la prueba para esta muestra inmediatamente. Utiliza la nave D y aplaza los cultivos que teníamos preparados en ella. Guarda una pequeña cantidad para analizarla y dosifica el resto para cultivos tipo «pradera». Es eso lo que está trabajando Yuri Sako, ya lo sabes. Dedica al mejor ayudante exclusivamente para este trabajo. Y recuerda que no puedes contar ni con Mary ni con Alex.

—Sí, claro —ríe Roger mirando a tío Alex.

—No tan claro —replica el abuelo—. Si tuvieran sentido de la responsabilidad aplazarían la boda o suspenderían el viaje de novios. Estamos ante una de las fases más importantes de nuestro trabajo.

—¡Aplazar una boda por un experimento! —se escandaliza la abuelita.

—Por favor, padre, que ya es bastante que nos mandes a un congreso durante el viaje de novios, me parece a mí —protesta en broma tío Alex.

—Yo no puedo ir y ya que no podemos mandarle una

muestra, vosotros sois los más indicados para llevarle noticias exactas de lo que estamos haciendo.

—Estás obsesionado con tus trabajos y acabarás volviéndonos locos a todos —asegura abuelita, pero en un tono tan tranquilo que se ve que está encantada y muy conforme con la dedicación del abuelo a los cultivos hidropónicos. Vaya, ya me he aprendido el nombrecito.

El abuelo sigue su conversación con Roger:

—Todo esto queda de tu mano, quiero que se tome nota minuciosa del experimento. Necesitamos un detallado historial, hasta el segundo y el miligramo de todo el proceso.

—Sí, doctor, me ocuparé de todo, puede usted confiar en mí.

—Ya lo sé, por eso te encargo a ti este trabajo.

El abuelo nos habla ahora a Dun y a mí para explicarnos:

—La vida de millones de seres puede depender de este experimento. La humanidad tiene hambre y ¡tenemos que alimentarla!

—¿Qué podemos hacer nosotros para ayudar en algo? —pregunta Dun.

—De momento podéis ayudar a Roger a llevar los botes al laboratorio —nos propone el abuelo—. Hay que hacerlo sin llamar la atención, lo mejor es que esto trascienda lo menos posible. No hace falta decir a toda la Base que Yuri Sako nos ha enviado su muestra. Evitaremos curiosidades impertinentes y comentarios prematuros. Claro que las autoridades militares tendrán que ser informadas, yo me encargo de eso personalmente.

Nos estamos empezando a meter los botes en los bolsillos cuando el abuelo se acuerda del telegrama:

—¡Ah, se me olvidaba! Mirad lo que acabo de recibir.

Roger tiene las manos ocupadas y tío Alex coge el telegrama y lo lee en voz alta:

—Dice: «Tienes mi aprobación y mi apoyo. Elige el camino que te parezca más seguro y síguelo. Adelante y suerte. Un abrazo. Pablo».

—Es magnífico pensar que él nos apoya —se entusiasma Roger.

—Lo que no evitará que durmamos en la cárcel si nos dejamos atrapar en un fallo —le contesta el abuelo.

—Vamos, padre, qué cosas dices. Nadie se atrevería a meterte en la cárcel a ti —replica tío Alex.

—Claro que no, como que Pablo iba a consentir una cosa así —dice abuelita.

Me estoy hartando de oírles hablar sin enterarme de nada:

—¿Queréis decirme quién es ese dichoso Pablo?

—Parece mentira que no sepas quién es el Presidente de tu país. Roger se está burlando de mí y todos hacen coro a sus risas.

¡Lo había olvidado! El presidente fue compañero de colegio del abuelo. Lo he oído contar mil veces, pero nunca se me había ocurrido pensar que un Presidente pudiera escribir telegramas corrientes y firmar simplemente Pablo como si fuese un ciudadano cualquiera.

Duncan y yo nos acercamos a tío Alex y volvemos a leer el telegrama, es inútil, no entendemos nada, no sabemos descifrarlo.

—Bueno, ¿qué quiere decir? No entiendo nada —digo.

—¿Os escribís en clave? —ya está Duncan con sus novelerías.

—No, ¡qué va a estar en clave! —asegura el abuelo—. Es contestación a un mensaje que yo le he mandado pidiéndole permiso para hacer un intercambio de muestras con Yuri Sako. Le decía que yo preferiría que no se hiciera por conducto oficial, que me gustaría más realizarlo por mis propios medios para que resultase una cosa más discreta y reservada y porque creía que así se haría con más seguridad.

—¿Y cómo vas a hacer el intercambio, abuelo? —pregunta Dun.

—No lo sé todavía, pero te aseguro que voy a hacerlo y pronto.

—La cosa es muy difícil —dice tío Alex—; nuestra policía extrema la vigilancia porque sabe que estamos rodeados de espías...

—Sí, ya nos ha hablado el abuelo de la M.U.R.G.A. —interrumpe Duncan.

—Esa gente dificulta y retrasa nuestros trabajos.

—Para sacar una muestra fuera de la B.E.N. tendríamos que hacer contrabando contra nuestra propia policía, ¿verdad? —indaga Duncan, que una vez metido en un asunto no lo deja tan fácilmente.

—Eso es —confirma Roger—. Si consiguiéramos hacerlo alguna vez querría decirse que habíamos llegado a ser buenos contrabandistas y que quizá teníamos alguna probabilidad de burlar también a los agentes de la M.U.R.G.A.

Duncan y yo ponemos nuestra imaginación a trabajar y disparamos sugerencias:

—Oye, Roger, ¿no podríamos utilizar un helicóptero? —apunta Duncan.

—No, muchacho, demasiado llamativo.

—Un simple paquete por correo, entonces —propongo yo.

—Demasiado arriesgado.

El abuelo se impacienta:

—Vamos, id ya al laboratorio y dejaos de fantasías.

Tú, Alex, quédate un momento conmigo, tengo que hablarte de lo que quiero que le digas a Yuri Sako.

Roger, Dun y yo nos vamos hacia la puerta cuando el abuelo se dirige a nosotros:

—Dentro de media hora iré a buscaros al laboratorio, niños, y recorreré las naves con vosotros, os explicaré con detalle lo que estamos consiguiendo. Tenemos toda la mañana por delante.

—Nada de eso —interrumpe abuelita—, ¿ya has olvidado que la boda es mañana y que los niños tienen que estar a las 11 en la capilla para el ensayo?

—Bueno, pues interrumpiremos a las 11 y continuaremos después del ensayo.

Roger y Alex intercambian miradas muy significativas, me parece que están tramando algo. Roger hace un gesto como animando a Alex para que se decida y el tío dice al abuelo:

—Después del ensayo nos vamos a ir todos a darnos un chapuzón en el río. Seguro que a los chicos les apetece. Hace un día espléndido; ¿qué decís chicos?

—¡Es una idea estupenda! —se apresura a aceptar Duncan—. No perderemos ni un solo día de entrenamiento.

—Estáis locos, os vais a morir de frío —opina abuelita—. Estamos ya en otoño y el agua tiene que estar helada.

—No nos importa que esté fría ¿verdad, Pi? La piscina del colegio también está fría, todavía no han empezado a calentar el agua, sólo lo hacen en pleno invierno.

El abuelo se ha enfadado y nos mira serio. Tiene las cejas muy espesas y cuando frunce el ceño se le bajan hasta justo encima de los ojos. Ahora parece que nos mira a través de las cejas en vez de por debajo de ellas.

—Muy bien, jovencitos, pues si ya tenéis vuestros planes hechos para toda la mañana no veo por qué tengo que molestarme en dejar mi trabajo para acompañaros. Que os divirtáis.

Y sale hacia la puerta sin mirarnos. Tío Alex se va con él y le oigo decir:

—No te enfades, padre, a los chicos les aburriría un recorrido largo. En cuanto hayan visto una nave ya se hacen una idea de cómo son las demás. En cambio el baño en el río les va a divertir.

Se alejan los dos camino del pabellón donde tiene el abuelo instalado su despacho. Abuelita nos explica:

—No os preocupéis, se enfada con facilidad, pero se le pasa pronto. Está obsesionado con su trabajo y se fatiga demasiado.

Comprendo muy bien lo que dice abuelita. Nos ponemos de acuerdo con ella: a las 11 nos encontraremos en las naves y nos iremos todos juntos hasta la capilla. Salimos con Roger. Llevamos colgados del cuello, de forma que resulten bien visibles, los distintivos que nos sirven de identificación y salvoconducto, pero nadie nos detiene ni nos dice nada. Llevo un botecito en cada bolsillo del pantalón y un tercero metido en el cinturón. No se me nota apenas porque el jersey, que es muy amplio, lo cubre por completo. Duncan lleva otros tres botecitos en la misma forma. Roger lleva los seis restantes, claro que a él le es más fácil disimularlos porque lleva puesta una bata blanca, como las de los médicos, con los bolsillos muy grandes.

Miro recelosamente a nuestro alrededor mientras cruzamos los campos hacia el laboratorio. Nadie se ocupa de nosotros. Los hombres con los que nos cruzamos están dedicados a sus faenas y ni siquiera se dan cuenta de que pasamos cerca de ellos.

Cuando llegamos a la puerta del laboratorio, el agente que está allí de guardia sí que nos mira un poco extrañado. Roger se apresura a explicar:

—Son los nietos del doctor Rozarena, Max, voy a enseñarles parte de nuestros experimentos.

—Supongo que sus permisos correspondientes estarán en regla. ¿Me los enseñan, por favor?

—Claro que están en regla, nos los dieron anoche en el puesto de control. Mire —dice Duncan mostrándole su distintivo—, me lo puse anoche en cuanto me lo dieron y no me lo he quitado ni para ducharme.

—Bien hecho, muchacho —aprueba el agente mientras examina el distintivo—. Yo no me he quitado el mío desde hace cinco meses y ya va necesitando un relevo, no creas, a la larga se estropean lo suyo.

Me quito mi medalla y se la tiendo al agente, pero hace un gesto y me la rechaza sin mirarla. Por lo visto le basta con haber comprobado que la de mi hermano está en regla.

Sigo pensando que los policías no tienen nada de

feroz ni de terrible. Son simplemente severos al cumplir las órdenes que han recibido.

Entramos en el laboratorio. A la entrada hay un cuartito con toda la pared cubierta de armarios metálicos. Guardamos los botecitos en uno de ellos y Roger se mete la llave en el bolsillo. Después va hasta el teléfono colgado de la pared y pide a la centralita:

—Soy Roger Malvina, póngame con mi apartamento, por favor.

Una voz masculina contesta enseguida. El cuartito es pequeño y tiene mucha resonancia, por eso oímos al que habla al otro lado de la línea.

—Diga.

—Soy Roger. Hemos tenido que alterar los planes, Marco. Pinayara y Duncan están ya conmigo. Te esperaremos en la nave F para empezar el recorrido. Date prisa. El agente que hay en la puerta de los apartamentos te explicará el camino para llegar hasta aquí, estás muy cerca. Hasta ahora mismo. ¡Ah, no olvides tu distintivo!

Oigo la voz de Marco asintiendo, luego el chasquido de la comunicación al cortarse.

Roger vuelve a pedir:

—Póngame con la nave D.

Y mientras espera nos explica:

—Voy a decir que me preparen las bandejas que necesito para montar el experimento con las muestras de Yuri Sako.

La voz desfigurada del encargado de la centralita nos llega para anunciar:

—La nave D comunica, repetiré la llamada dentro de dos minutos. No se retire, por favor.

Roger espera con el auricular en la mano. Nos propone:

—¿Por qué no salís al camino a esperar a Marco? Estará llegando. Contadle la aventura de la pobre Dorita y se dará cuenta de por qué no he ido a buscarle como le prometí.

Dun y yo salimos hasta el cruce del camino que trae al laboratorio desde la carretera principal. El agente Max nos saluda al vernos salir pero no nos pregunta dónde vamos. Queda ahora a nuestra espalda y a suficiente distancia como para no oír lo que hablamos y, sin embargo, hablamos bajito. Estamos jugando a conspiradores simplemente porque nos sabemos vigilados, aunque la verdad es que no tenemos nada que ocultar... todavía.

Nos sentamos sobre la hierba.

—Oye, Pi, ¿tú crees que debemos hablar a este chico del compuesto de Yuri Sako y de todo eso?

—Roger nos ha dicho que le contásemos lo que ha pasado con Dorita; supongo que quería decir que se lo contásemos todo porque lo de Dorita sólo no tiene sentido si no le explicamos que en los botecitos en vez de comida para peces había una muestra de compuesto. Roger debe de conocer bien a Marco, sabrá que es un chico discreto y de fiar.

—Pues a mí me parece un poco imprudente contárselo —sigue opinando Dun—. Al abuelo a lo mejor no le gusta que ese chico se entere de cosas secretas sobre sus trabajos. Son asuntos muy serios.

—En realidad la historia de Dorita no compromete a ninguno de los que trabajan aquí, ni al abuelo ni a ninguno de los otros. Yuri Sako quizá tendría que dar explicaciones al presidente de su país, pero una vez que el compuesto ha entrado en la B.E.N. ¿Qué le pueden decir al abuelo? Si acaso les pedirán cuentas al sargento Martin y a los otros que han dejado entrar la muestra de hidropónicos creyendo que era comida para peces.

—¡Tendría gracia que ahora tuvieran un buen disgusto los del puesto de control! —se regocija Dun con muy mala intención—. Tanto registrar nuestros equipajes para luego dejar pasar eso. Ya le dije yo al sargento Martin que cualquier día...

Está tan feliz como si el compuesto lo hubiera entrado en la Base él.

—Oye, no se te vaya a ocurrir decirle algo al sargento, eh —le recomiendo—. Y no tengas mala idea, ellos sólo cumplen órdenes al registrar los equipajes. Hay que reconocer que lo de la comida para peces ha sido un truco estupendo. El abuelo no sospechó nada hasta que probó el agua y fíjate si está acostumbrado a ver compuestos. La policía no puede analizar todo lo que entra en la B.E.N.

3

MARCO

POR la carretera avanza un jeep, se para junto a la desviación que lleva a las naves y luego vuelve a arrancar alejándose por el camino. Un chico moreno ha saltado al suelo, ha gritado: «¡Gracias!», mientras el coche arrancaba y se dirige ahora hacia nosotros.

—Ese debe de ser Marco —le digo a mi hermano.

Duncan se pone en pie y le hace una seña con la mano.

—¡Eh, Marco, estamos aquí!

Marco, ahora sí que estoy segura de que es él, nos ve enseguida y corre hacia nosotros. Parece un chico fuerte y ágil. Cuando llega a nuestro lado puedo comprobar que es bastante más alto que Dun. Claro, tiene un año más que nosotros.

Mi hermano se adelanta para saludarle:

—Hola. ¿Eres Marco, verdad? Yo soy Duncan Rozarena.

—Hola, Duncan. Sí, soy Marco Liebermann.

Se vuelven los dos ahora hacia mí.

—Esta es Pinayara, Marco, mi hermana gemela.

—Encantado Pinayara. Tienes un nombre muy original.

Me gusta este chico, mira de frente, tiene los ojos alegres y me aprieta la mano con un movimiento vigoroso y rápido.

—Tiene un nombre demasiado largo —interviene Dun—. Yo la llamo sólo Pi.

Ya está Duncan metiendo la pata con su manía de acortar los nombres. Con gusto le daría un cachete. Marco se ríe muy divertido:

—Yo te llamaré Tres Catorce, no me gusta Pi.

Sé que tengo un nombre extraño, pero a mí me gusta y me fastidia mucho que la gente haga bromas con él. Así es que contesto:

—Y yo te llamaré a ti Mar. Ya veremos si luego nos resultas el Mar Negro, el Mar de los Sargazos... o un charco cualquiera.

Marco me mira asombrado, pero reacciona enseguida:

—Caramba, lo siento. No he querido decir nada que te molestara.

Se está disculpando en un tono de lo más sincero y cordial. Me he pasado de chinche y de quisquillosa. Trato de arreglarlo:

—Perdóname tú a mí; yo sí he querido decir una impertinencia.

Y le tiendo la mano otra vez. Nos sonreímos los dos. No me guarda rencor, por lo visto. Espero que vamos a hacernos amigos enseguida; pero ha ganado él: todo el tiempo me ha llamado Tres Catorce y yo le he contestado

como si estuviera usando mi nombre. En cambio yo no me atrevo a acortar el suyo, para mí es siempre Marco.

Entre Dun y yo le explicamos todo lo que sabemos sobre los trabajos de investigación con los compuestos hidropónicos; el interés del abuelo por hacer intercambios con Yuri Sako y la triste suerte que acaba de correr Dorita. Veo que Marco sigue nuestras explicaciones con muchísima atención y se interesa por todo este asunto tanto como nosotros:

—¡Y yo que había pensado que esta especie de inmenso laboratorio, tan encerrado y tan vigilado, nos iba a resultar de un aburrimiento mortal! —comenta cuando le hemos puesto al corriente de todo.

—Eso mismo temimos nosotros —le dice Duncan.

Volvemos hacia la entrada del laboratorio. Observo disimuladamente al agente de Max. No parecen importarle mucho nuestras idas y venidas y mucho menos aún lo que hablamos. Está vigilando, en cambio, atentamente a los hombres que circulan de acá para allá con carretillas llenas de plantas y herramientas.

Roger sale ya a nuestro encuentro:

—Andando, chicos, vamos a hacer un rápido recorrido de las instalaciones. Tenemos poco más de una hora hasta el momento de ir a la capilla para el ensayo. Hay que aprovechar bien el tiempo. ¿Le habéis explicado a Marco la aventura de esta mañana?

—Sí, ya me la han contado.

—Tenemos que conseguir enviarle una muestra a Yuri Sako —dice Duncan.

—Nosostros ya lo hemos intentado varias veces, pero no lo hemos conseguido nunca—, nos anuncia Roger. Cuando vamos a empezar a hacerle miles de preguntas se pone un dedo sobre los labios, abre la puerta del laboratorio y nos invita a pasar dentro.

Atravesamos la pequeña habitación de los armarios metálicos que ya conocemos Duncan y yo y entramos en una gran nave. Hay dentro cinco personas, tres hombres y dos muchachas. Todos visten batas blancas, como las que llevan Roger y tío Alex. Me parecen muy jóvenes todos. A lo largo de las paredes hay más armarios metálicos. Me da la impresión de que aquí lo tienen todo cerrado con llave. Veo a uno de los muchachos, doctor, ayudante o lo que sea, ir a uno de los armarios, abrir con una llave que saca del bolsillo, sacar un frasco y volver a cerrar guardándose la llave.

En el centro de la habitación hay un mostrador corrido, cubierto de mármol y lleno de tubos de ensayo, balanzas, cacharros de cristal y filas y filas de frascos con líquidos de diferentes colores. Muchos tubos de varios tamaños y gruesos están colocados en soportes. Están limpios y vacíos y parecen aguardar en correcta formación a que alguien venga a ponerlos en servicio.

Roger nos presenta. No recuerdo los nombres ahora; sé que de dos de ellos nos dice que son doctores, los otros son ayudantes. Una de las chicas es pelirroja y nos dedica una sonrisa, la otra es muy alta y no me gusta nada cómo nos mira. Parece estar pensando que somos bicharracos inmundos que entramos a contaminar su impecable laboratorio.

Todos se afanan alrededor del mostrador central. Trabajan sentados en taburetes altos y mezclan líquidos, miran por la lente del microscopio o apuntan cosas en unos cuadernitos verdes. Todos son muy amables con nosotros y nos han saludado muy cordialmente cuando Roger nos ha presentado, pero enseguida han vuelto a su trabajo.

—Se analiza cada día una muestra de la solución hidropónica que llega a cada tabla de cultivos —nos dice Roger—. Así estamos seguros de que la dosificación es siempre la que corresponde exactamente.

El chico que fue antes al armario tropieza ahora conmigo, lleva en la mano el cuaderno y lo está mirando mientras camina alrededor de la habitación. Se disculpa, pero me doy cuenta de que soy yo la que estaba en su camino.

—Creo que debiéramos irnos, Roger —sugiero.

—Sí, vámonos —se impacienta Duncan—. Todo esto será muy importante para vosotros, pero hay poco que ver y yo no me entero de nada.

Me temo que estamos decepcionando a Marco y a Roger a causa del poco interés que demostramos por el trabajo de laboratorio, pero la verdad es que todo esto resulta demasiado complicado para nosotros. Además, no puedo quitarme de la cabeza la frase que Roger ha dicho cuando entrábamos: «Ya lo hemos intentado varias veces». Estoy deseando saber qué es exactamente lo que han hecho y por qué les ha fallado. Me figuro que a Marco y a Duncan les pasa lo mismo.

No me equivoco. En cuanto dejamos atrás la puerta del laboratorio y el agente Max queda lo suficientemente alejado de nosotros, mi hermano pregunta:

—Cuéntanos lo que habéis hecho, anda Roger.

—¿Lo que hemos hecho de qué? —se extraña Roger; ya no se acuerda de que nos dejó en suspense cuando entramos.

—Lo que habéis hecho para intentar sacar una muestra de compuesto de la Base.

—¡Ah, ya! Pues hemos hecho infinidad de pruebas, siempre con muestras falsas, claro.

—¿Y qué?

—Pues nada, no hay manera de despistar a la policía. Nos han atrapado siempre. Es increíble hasta qué punto nos tienen a todos bajo control. Vivimos como en un desafío constante con el destacamento de agentes que custodia la B.E.N. Los técnicos contra los policías. Al principio vuestro abuelo y el comandante de la Base no veían con buenos ojos estos ejercicios y les parecían un juego tonto en el que perdíamos el tiempo todos; luego admitieron que esta especie de rivalidad deportiva servía para mantener alerta y en continua alarma a los agentes y para estimular nuestra inventiva. No os podéis imaginar la de trucos que hemos intentado, pero está comprobado que no servimos para espías. Claro que los policías juegan con ventaja porque ellos están especialmente preparados para descubrir esta clase de trampas y su única ocupación es vigilar mientras que nosotros sólo podemos jugar a espías en nuestros ratos libres.

A los que debemos estar volviendo locos con estos ejercicios es a los tipos de la M.U.R.G.A., que no saben nunca si realmente somos desleales a nuestros jefes y si lo que estamos intentando sacar es el verdadero compuesto o no. Espero que cualquier día pierdan interés por nuestras actividades y se larguen. Quizá el día que consigamos sacar el compuesto verdadero fuera de la Base ellos crean que seguimos jugando y la cosa resulte mucho más fácil de lo que imaginamos.

—Lo pasáis bien aquí después de todo, ¿eh? —comenta Marco—. Lo que cuentas parece de novela.

—¡Ya lo creo, es fantástico! —se entusiasma Duncan.

—Sí, es como una novela fantástica. Sólo que las novelas están muy bien para leerlas en la cama antes de dormirse, pero este ambiente de tensión no resulta muy agradable como medio de trabajo y la tarea que llevamos entre manos es algo muy serio. Bueno, ya estamos en las naves de cultivo.

Las naves de cultivo resultan ser siete pabellones muy grandes y bastante distanciados entre ellos, me imagino que para que no se quiten la luz unos a otros. En realidad son como inmensos invernaderos. Las paredes y los techos son casi por completo de material transparente. Entramos en uno de ellos después de identificarnos ante el agente que guarda la puerta.

Dentro hace calor y huele a humedad y a plantas verdes. A diferentes alturas hay unos soportes metálicos sobre los que se apoyan bandejas de plástico muy anchas y de poca profundidad, apenas 25 centímetros, me parece. Sobre las bandejas hay extendido algo que tiene el aspecto de arena. En algunas no hay más que eso, en otras ya se ven tallos verdes que empiezan a apuntar. En otras bandejas las plantas tienen ya cerca de medio metro de altura.

Roger nos explica:

—Toda esta nave está dedicada a plantas del tipo que llamamos «pradera» que son las que normalmente se emplean como forraje para el ganado. Esto, por ejemplo, es alfalfa —nos señala unas bandejas en las que las plantas rebasan bastante el medio metro de altura—. Se sembró hace nueve días. Sobre tierra esta planta hubiera necesitado alrededor de cinco semanas para alcanzar este desarrollo y nunca hubiera tenido la hoja tan ancha ni el índice nutritivo que esta tiene y que es cinco veces por encima del que posee la alfalfa común criada en tierras de calidad media.

Paseamos por la nave. Esto sí que resulta interesante porque es algo que se puede ver. Hay diferentes clases de plantas. Reconozco el trébol. En varias bandejas el trébol, la alfalfa y otras plantas que no puedo identificar, crecen juntas. Los tallos y las hojas son de un verde intenso y tienen un aspecto extraordinariamente fuerte y lozano.

—¡Marco, no toques eso! —dice Roger, y le detiene la mano.

Marco estaba tratando de meter un dedo por los agujeros de la tela metálica que protege la superficie de las bandejas.

—Sólo quería tocar el famoso compuesto este, ¿también eso está prohibido?

—Eso no es compuesto, es sólo arena de río.

—¿Arena?

—Simple arena que sirve para abrigar la semilla y proteger las raíces de la luz. El compuesto llega aquí ya en forma de solución con la que se riega esta arena y, por tanto, las semillas depositadas en ella.

—¿Dónde hacéis la solución, en el laboratorio?

—En el laboratorio se preparan las dosis y se meten en tarros de cristal que se precintan. Luego estos tarros se llevan a un depósito central y se vacían en los estanques. De allí, por tuberías, la solución llega a las naves. El riego se hace de una manera automática.

Nos enseña las tuberías, que en la parte alta de la nave, dejan caer sobre las bandejas de la parte superior de cada fila un chorrito de la solución. Luego, este riego, va cayendo de bandeja en bandeja y de la última de estas pasa a un agujerito del suelo por el que desaparece.

—La solución está siempre en movimiento, de aquí pasa a una máquina que se encarga de oxigenarla. Y una vez a la semana se prepara una solución enteramente nueva. La que se retira se emplea en reforzar las plantas

que hacemos crecer al aire libre. Es un fertilizante muy poderoso.

Recorremos las otras naves. Bandejas y más bandejas con nabos, avena, cebada... Visitamos los establos. Aquí viven las ovejas y las vacas más limpias y más rozagantes que yo he visto en mi vida. Los establos parecen laboratorios y los animales, mansos y pacíficos, tienen el aspecto de niños gorditos y bien criados.

—¿Tenéis toda la Base dedicada a estudios sobre alimentación del ganado solamente? —quiere saber Duncan.

—La carne es hoy día el principal alimento humano y por eso nos dedicamos al ganado de una manera especial.

—La carne sola no es suficiente, hacen falta más cosas para una dieta equilibrada, ¿no? —interviene Marco.

Parece saber mucho de estas cosas; caigo en la cuenta de que quizá su hermana, que trabaja con el abuelo desde hace tiempo, debe haberle informado.

—Sí, claro, hacen falta también los cereales. Estamos trabajando en ellos también. Una dieta de carne y cereales podría ser suficiente en principio.

—Faltarían las verduras y las frutas, las vitaminas son necesarias —quiero demostrar que también yo sé algo de esto.

—Tienes razón —conviene Roger—, pero las vitaminas siempre se pueden administrar en pastillas. De todos modos no creas que tenemos descuidada esa clase de cultivos, hemos conseguido tomates estupendos en un tercio del tiempo que habitualmente se emplea para obtenerlos en las huertas. Y estamos haciendo pruebas con patatas y zanahorias.

Entramos en la última nave. En las bandejas de nuestra derecha crecen unas plantas de maíz más altas que nosotros. Marco y yo nos detenemos a mirarlas:

—Son verdaderamente maravillosas las posibilidades del compuesto —se admira Marco.

—Ya no se morirá más gente a causa del hambre, es eso lo que estás pensando, ¿verdad? —le digo.

—Más que eso, Tres Catorce, yo creo que lo peor del hambre no es la cantidad de gente que se muere sino los millones de personas que viven mal alimentadas generación tras generación. Son gentes que ya nacen enfermas, deformadas, anormales. Razas que van degenerando por falta de alimentación.

—¿Cómo es que tú sabes tanto de estas cosas?

—He oído hablar de ello a mi hermana y a Alex. Cuando termine mis estudios seré investigador, como ellos.

Yo también había pensado ya que me gustaría trabajar en esto, pero no quiero decirlo ahora para que no vaya a creer Marco que lo hago influenciada por lo que él acaba de decirme.

Roger y Duncan siguen hablando a nuestra espalda:

—Sabemos —explica Roger—, que las plantas que han absorbido una cantidad excesiva de bromo, por ejemplo, pueden producir en los animales que las comen una especie de bocio. Nos queda aún mucho que experimentar para conseguir la fórmula perfecta, pero cuando la logremos, cuando el compuesto sea algo que se pueda vender y manejar sin restricciones y sin peligro, entonces estaremos dando la gran batalla al hambre, una batalla que vamos a ganar.

—Es apasionante, ¿verdad, Marco? —digo y al oírme a mí misma me doy cuenta de que estoy repitiendo la frase que anoche le dijo el abuelo a Duncan.

—Nos queda la fase final, la que será decisiva —continúa Roger—, nos queda hacer las pruebas al aire libre. Hasta ahora todo ha sido pruebas de laboratorio y de invernadero. Al aire libre esperamos poder conseguir tres cosechas en un solo verano ¿os dais cuenta? Unas buenas instalaciones de bandejas, un sistema bien montado de riegos hidropónicos, semillas seleccionadas y sol. Se pueden conseguir muchos más alimentos de los que la humanidad puede consumir: habremos acabado con el hambre del mundo.

Roger habla en voz baja y discreta porque en estas grandes naves cualquier ruido resuena de un modo desproporcionado: sin embargo, sus palabras tienen un acento tan apasionado que me hacen vibrar como si me las estuviera gritando al oído. Comprendo la intensa dedicación con que se entrega a su trabajo, comprendo la fatiga y la alta tensión del abuelo y comprendo que todos ellos hayan aceptado vivir en la Base en régimen de campo de concentración. Nosotros mismos, que acabamos de llegar, ya estamos metidos de lleno en las apasionantes experiencias hidropónicas, las maravillosas posibilidades del compuesto y la necesidad de hacerle llegar una muestra a Yuri Sako.

En la última parte de esta nave volvemos a encontrar plantas tipo pradera como las de la primera nave, ahora ya las reconocemos a primera vista.

—Con éstas estamos siguiendo un régimen especial —nos dice Roger—, las estamos forzando para que resulten más ricas en vitaminas.

—¡Niños!, ¿qué estáis haciendo aquí todavía? Llevamos ya un rato esperándoos en la capilla.

No nos habíamos dado cuenta de que abuelita y Elizabeth han entrado detrás de nosotros. La niña trae, cómo no, a su inseparable osito agarrado por una pata.

—¿Ya son las 11, abuelita? Se nos ha pasado el tiempo volando ¿verdad, chicos? —comento.

Marco y Duncan asienten. Roger quiere ser amable con Eli:

—Hola, Elizabeth. Es precioso tu osito ¿no crees que se va a marear de ir cabeza abajo?

—Vamos, vamos —nos apremia abuelita—, ya están los demás esperándonos desde hace mucho rato —y echa a andar delante de nosotros hacia la salida.

Eli es una niña muy especial, ni siquiera ha contestado a las frases de Roger, así es que la olvidamos y, mientras avanzamos hacia la puerta, seguimos hablando:

—¿Qué hacéis para que resulten más ricas en vitaminas? —pregunta Marco.

—Le aplicamos unas sesiones prolongadas durante las noches de luz inactínica, de luz fría de neón —se apresura a explicar para que le entendamos.

Elizabeth habla ahora, interrumpiéndole, desde detrás de nosotros. Tiene la boca llena de hojas verdes que escupe con gesto de asco:

—Eres un mentiroso, dijiste que estaba rico —le reprocha a Roger.

—Eli, ¿qué has hecho? —pregunto; y al oírme abuelita acude también consternada.

—Es un mentiroso, dijo que estaba rico —repite Eli rencorosamente mientras se limpia una y otra vez la lengua con el dorso de la mano.

—Roger, ¿le sentará mal? —se inquieta abuelita.

—No, no señora, no lo creo. Le sabrá amargo, pero no puede ser malo.

—Sí está malo, está muy malo —afirma Eli con energía; y repite su acusación —dijiste que las «mitaminas» eran ricas.

Todos nos reímos sin poderlo remediar, esta pequeña tragona no piensa más que en comer y ahora está indignada porque cree que Roger la ha engañado.

—Yo no dije que las vitaminas fueran ricas, Eli; dije que estas plantas eran ricas en vitaminas —aclara Roger.

Eli le mira enfadada, no comprende la diferencia, sólo sabe que tiene la boca llena de algo amargo, de algo que ella esperaba que fuera una golosina. Está profundamente decepcionada y encima los mayores nos estamos riendo de ella. Su mirada está cargada de reproches.

También está cargada de reproches la voz de Roger cuando nos explica que ahora tiene que irse a la oficina para escribir un informe sobre lo que ha pasado; es preciso que todo quede claro para que no haya líos cuando se descubran las plantas que la niña ha tronchado y desmochado. Se me figura que Roger está pensando para sus adentros que los pequeñajos deberían quedarse en casa con sus mamás.

4

ELI ENTRA EN ACCIÓN

VAMOS hasta la capilla. Todo el mundo saluda a abuelita y ella contesta a todos llamándoles por sus nombres. Conoce a todos los agentes y a todos los hombres vestidos con los monos de trabajo. Les pregunta por sus mujeres, por sus hijos y por sus padres, parece que conoce a todas las familias de todos. A su lado acabo por olvidarme de las historias de espionaje y del rígido control que reina en la Base, de los policías apostados en las esquinas de las naves, de los armarios cerrados del laboratorio y de los distintivos colgados al cuello.

A la entrada de la capilla, tío Alex trata de hacerle una caricia a Eli, pero la niña está enfadada todavía y le hace un mohín de disgusto: aún escupe un tallito verde de vez en cuando. Se ha debido de meter en la boca un buen puñado de hierba.

Me temo que la actitud de Eli va a dificultar o retrasar el ensayo, pero me equivoco; la realidad es que no podemos quejarnos, todo resulta mucho más rápido y menos aburrido de lo que habíamos temido.

Elizabeth está muy en su papel de «primera».

—Tienes que ir detrás de mí —me instruye; y deja a su osito sobre un banco para agarrar bien con las dos manos la bandejita de plata.

Las dos moneditas, que sustituyen a los anillos en esta primera prueba, han ido todo el camino, desde la puerta hasta el altar, patinando de un extremo a otro de la bandeja, pero no han llegado a caerse. En cuanto conseguimos que Eli se acomode, mejor o peor, al paso lento que nos marca el solemne compás de la música, damos el ensayo por terminado. Mañana cuando empiece la ceremonia tendré que recordarle que no corra porque tiene una cierta tendencia a apretar el paso, pero la cosa tampoco es grave, la música es bastante fuerte y Eli va sólo un metro delante de mí. Podré hacerle alguna indicación en voz baja, lo malo es que se volverá para contestarme, como hace ahora en el ensayo y abuelita se desesperará.

Mary y tío Alex se vuelven hacia las naves; tienen que acabar de tomar unas notas en la 3.

—Será nuestro último trabajo de solteros. Cuestión de poco más de media hora. Iremos a reunirnos con vosotros en el embarcadero —nos dice tío Alex.

—¿Dónde está Roger? —pregunta Mary.

Le explicamos el desaguisado de Eli en la nave 6 y le decimos que Roger ha prometido estar en el embarcadero dentro de un cuarto de hora.

—Entonces allí nos encontraremos todos. No vayáis a desanimaros a última hora, ¿eh?

—No te preocupes tío —le aseguro—. Nos apetece muchísimo nadar un rato.

—Yo tardaré un poco en ir —dice Mary—. Tengo que probarme otra vez el tocado; no acaba de quedarme suficientemente firme.

—¿Quieres que vaya a ayudarte? —ofrezco.

—Gracias, Pinayara, creo que no me hará falta que te molestes. Me parece que bastará con apretar la goma que me lo sujeta por detrás de la cabeza.

—Las mujeres y sus eternos problemas con los trapos —se ríe tío Alex. Y se lleva a Mary camino de las naves.

Abuelita echa a andar hacia su pabellón con Marco y Duncan. Va haciéndoles advertencias sobre su importante cometido de mañana: recibir a los invitados y acomodarles en los lugares que han de ocupar en la capilla.

Empiezo a andar deprisa y los chicos aprietan también el paso. Abuelita se queja de que corramos tanto, según ella tenemos tiempo de ir dando un paseo tranquilo al sol. Le recordamos que vamos a ir a bañarnos. Igual que anoche, abuelita nos dice que estamos locos, que es un disparate bañarse en el río en esta época y que nos vamos a helar de frío.

—Mañana estaréis resfriados y tendréis mala cara y yo querría que todo el mundo os viera guapos.

Le aseguramos que estamos acostumbrados a bañarnos en agua fría, que lo hacemos a menudo en la piscina del colegio y le prometemos que mañana vamos a estar guapísimos.

Llegamos al pabellón de los abuelos. Dun me apremia:

—Venga, vamos a ponernos los trajes de baño y enseguida nos largamos al río a toda velocidad.

—Yo también voy a ir —anuncia Eli con tranquila seguridad.

—¡Ni hablar! —dice Duncan fastidiado—. ¿Qué vas a hacer tú en el río? Darnos la lata, nada más.

—Sí voy —repite Eli.

Es tozuda la niña; lo malo es que abuelita la apoya.

—Llevadla, ¿qué os cuesta? Se divertirá viendo cómo os bañáis. A mí me vendrá muy bien estar un rato completamente libre; tengo que terminar las maletas de Alex para mandarlas al puesto de control. La lleváis, ¿verdad?

Abuelita nos mira sonriendo zalamera para convencernos. No me atrevo a decir nada; no quiero comprometerme porque Duncan me está mirando enfurruñado, pero Marco se siente amable:

—Sí, señora, claro que Eli se viene con nosotros. Yo cuidaré de ella.

Y pasa un brazo por los hombros de Eli, pero esta pequeña es, decididamente, una rabisca. Se revuelve como un pendenciero cachorrillo:

—No me tienes que cuidar, ya soy mayor.

Duncan y yo subimos a nuestros cuartos. Me pongo el traje de baño y me vuelvo a vestir encima el jersey y los pantalones. Cuando salgo veo que Duncan ha hecho lo mismo. A los dos nos fastidia llevar bultos de ropa. No hemos cogido ni una toalla, espero que el sol nos secará los trajes de baño.

Echamos a andar hacia los apartamentos para que

Marco coja su traje de baño. Elizabeth viene a agarrarse de mi mano y me extraña su gesto. No creo que sea mimo. Eli es una mujercita independiente, más bien me parece que teme que nos escapemos y me quiere tener segura.

Caminamos a nuestro paso normal y la pobre pequeña tiene que trotar para mantenerse a nuestra altura, pero ni se queja ni suelta a su querido osito. ¡Bravo Eli!, después de todo Duncan tendrá que reconocer que eres animosa y tienes coraje. Y le apreto la mano en una seña amistosa.

Marco sube al apartamento de Roger y baja con su traje de baño en la mano; no ha querido hacernos esperar.

Cuando llegamos al embarcadero, siguiendo el camino que nos indicó tío Alex esta mañana, vemos que Roger ha llegado ya y está charlando con un oficial al otro lado de la alambrada. Hay una puerta abierta y avanzamos hacia ella.

Entre la alambrada y el río hay un pedazo de «tierra de nadie» como de diez metros. Ahora veo que la cerca metálica es doble, entre la exterior y la interior, las dos clavadas al suelo por sólidos pilares de hierro, hay un pasillo bastante ancho por el que circulan unos perrazos enormes. Anoche no me fijé en si la cerca de tela metálica del puesto de control era así también; claro que como estaba tan oscuro y me sorprendió tanto lo del registro no tuve ocasión de darme cuenta.

Vamos a cruzar la puerta y una voz nos detiene:

—¡Eh, alto jovencitos! ¿Quiénes sois y adónde vais?

Un agente ha salido de la garita que hay junto a la puerta que yo creí vacía. Tenemos que enseñar nuestros distintivos y explicarle lo que pensamos hacer. Después nos deja salir del recinto de la Base.

Roger y el oficial interrumpen su charla al ver que nos acercamos. Un perro ladra correteando alrededor de ellos. Es muy parecido a los que están encerrados entre la doble tela metálica de la cerca y no me hace ni pizca de gracia verle suelto.

—¡Quieto, Sugar!, no seas pelmazo. Es sólo un cachorro inofensivo —nos advierte el oficial.

Eli y yo nos hemos parado a una distancia prudencial. Cachorro o no, Sugar tiene un aspecto bastante imponente y la niña se refugia detrás de mí.

El perro se acerca a olernos. Eli lleva a su osito muy abrazado y cuando Sugar se aproxima lo levanta por encima de su cabeza en un gesto de protección: quiere ponerlo fuera del alcance del perro, pero la pobre ha calculado mal sus propias posibilidades. Sugar es mucho más grande de lo que ella cree y, como le parece que Eli quiere jugar con él, le echa encima sus torpes patazas. El osito tiene mala suerte, las uñas de Sugar enganchan la costura de una de las patitas de trapo, que se desgarra. Empieza a chorrear serrín.

La cosa ha sucedido tan rápidamente que no me ha dado tiempo a intervenir. Elizabeth contempla el desaguisado y se echa a llorar furiosa:

—¡Bruto, Sugar, bruto! ¡Le has roto la pata a Piki!

El teniente sujeta a Sugar que sigue dispuesto a jugar y Roger consuela a Eli:

—No llores, iremos a buscar a Mary y ella te arreglará a Piki.

—Eso, vamos a buscar a tía Mary —acepta Eli entre hipos.

—Bueno, luego vamos —quiero convencerla. Como se empeñe en ir ahora nos va a fastidiar el baño.

—Luego no, vamos ahora. Mira cómo se sale el serrín.

—Si lo sostienes con la pata para arriba no se saldrá.

—¡Quiero ir ahora! —los hipos de Eli suben de tono.

—Yo iré contigo, Eli —ofrece Marco heroicamente.

Yo sé lo que les molesta a los chicos tener que hacerse cargo de un niño pequeño y me da risa el gesto compasivo de Dun y los otros al oír el generoso ofrecimiento de Marco. Intervengo:

—Tú te quedas aquí y empezáis a bañaros. Yo voy con Eli a buscar a Mary a las naves. En cinco minutos estamos de vuelta.

Marco me hace un gesto de agradecimiento y comprendo muy bien su sonrisa, pero ¿me lo estoy imaginando yo o también Roger y el oficial parecen dar un suspiro de alivio como si se quitasen un peso de encima? Le doy la mano a Eli y echamos a andar. «Los hombres son siempre... bueno, eso, hombres —voy pensando—: a la hora de divertirse les gusta estar solos y que las mujeres estemos lejos. Opinan que somos una casta inferior y con menos capacidad que ellos para todo».

—¡Vuelve pronto, Pi, que tenemos que entrenarnos juntos! —me grita Dun y su voz me consuela del gesto que he creído adivinar en los otros.

Me vuelvo para asegurarle que estaré de vuelta enseguida y veo que Marco le está tirando de la manga del jersey para llamarle la atención sobre algo que explica el oficial que hablaba antes con Roger.

Paso mi brazo por los hombros de Eli: al fin y al cabo estamos unidas por el mismo espíritu de casta despreciada. La verdad es que no sé muy bien por qué estoy pensando esto ahora, nunca lo había pensado antes y sé que Duncan me prefiere a cualquier amigo: pero hace un momento me ha visto marchar sin ofrecerse a acompañarme y ha preferido quedarse con los otros. Siento por aquí dentro algo que me duele.

A Eli le debe extrañar mi silencio. Alza los ojos hacia mí y me sonríe, le guiño un ojo y se ríe ya francamente.

—Eli, tú y yo acabaremos siendo buenas amigas y les demostraremos a esos bobos que sabemos hacer las cosas bien. Déjame que te lleve el osito, anda, se está saliendo el serrín y se le va a vaciar la pata del todo.

—No, yo lo llevo. No se sale casi nada de serrín, lo llevo con cuidadito.

El cuidadito consiste en llevarlo poco menos que colgando y a cada paso que damos una nubecilla de polvo marrón se desprende del pobre Piki. La pata se va quedando floja, floja.

Hemos llegado a la puerta de la nave 3. Le explico al agente que la guarda lo que quiero y me dice que Mary ha salido hace unos minutos hacia los apartamentos. Me lo estaba temiendo. Los apartamentos no están lejos, pero si tengo que ir al paso de Eli voy a perder media mañana y daré lugar a que Mary se me vaya al embarcadero.

—Escucha, Eli, vas a ser buena chica y me vas a esperar aquí. Te sientas en este escaloncito al sol y no te mueves hasta que yo venga. Voy a echar una carrera para alcanzar a Mary antes de que salga de su apartamento.

Me dice que sí con la cabeza y la dejo sentada sobre uno de los escalones de la caseta donde están encerrados los depósitos de la solución hidropónica. Sobre la falda de la niña el pobre Piki tiene un aspecto bastante lamentable con la pata vacía, colgante y deformada. «La rellenaré con arena», pienso mientras aprieto el paso camino de los apartamentos.

Antes de dar la vuelta a la esquina de la nave tercera me vuelvo para comprobar que Eli me espera tranquila y sin moverse. Está observando con interés a unos hombres con mono blanco que pasan cerca de ella empujando unas carretillas.

Corro tanto que al llegar al apartamento de Mary casi no tengo aliento para explicarle lo que pasa. De todas formas me entiende. Me da aguja y una hebra de hilo fuerte de color azul pálido, más o menos el tono del peluche del osito. El dedal le hace falta a ella, pero yo puedo coser también sin dedal en un caso de emergencia y éste lo es.

Vuelvo hacia la nave 3 y en cuanto doy la vuelta a la esquina me quedo clavada en el suelo sin respiración.

Eli está manipulando muy afanosa con la patita del oso, tengo que apoyarme en la esquina porque las piernas me tiemblan, ¡se me han quedado tan flojas como la pata de Piki! Eli está tratando de rellenar la pata del osito con algo que saca de unos tarros de cristal que alguien ha dejado abiertos cerca de ella.

No está sentada donde yo la dejé, sino en el suelo un poco más a la derecha. La puerta de hierro, en que yo la dejé apoyada, está abierta y dentro de la caseta veo moverse varias sombras blancas. El agente de uniforme vigila a los hombres y ha cometido la ingenuidad de ignorar a Eli.

La niña no consigue llenar la pata, pero la veo meterse puñados de ese «algo» que yo sé muy bien lo que es, en el bolsillo central del traje que lleva puesto. Levanta la cabeza y mira en mi dirección, debe de estar ansiosa por verme aparecer. Ya no puedo estar más tiempo parada en esta esquina. Procuro reunir todo mi valor y voy hacia ella. Después de todo yo no he hecho nada y en cuanto se den cuenta y nos digan algo les devolvemos el compuesto que tan limpiamente acaba de birlar Eli de delante de sus narices.

Eli se ha retirado discretamente a un lado cuando los hombres salen con los tarros vacíos para buscar otros llenos. El agente comprueba que han salido los tres de la caseta y gira para no perderlos de vista en este nuevo movimiento.

El hombre que coja el tarro que Eli ha despojado tiene que notarlo enseguida, aunque no sea más que por las huellas que los dedos de la niña han tenido que dejar sobre la superficie del compuesto.

Veo al hombre agacharse y agarrar el tarro. Ahora, ahora es cuando se va a descubrir todo, ¡qué lío se va a armar! Pero no, el hombre se incorpora con su tarro bien agarrado entre las manos, como han hecho sus dos compañeros, y vuelve hacia los depósitos.

No lo puedo creer. El corazón me late con tanta fuerza que me resulta difícil respirar. Parece imposible, pero Eli ha hecho un juego de manos perfecto. Mi respeto por los agentes de policía y los hombres del mono blanco baja muchos puntos.

El agente me explica cuando llego a su altura:

—Hemos tenido que levantar a la niña del escalón porque necesitábamos abrir esta puerta. Estamos preparando la solución del compuesto. Ahí a la vuelta de la nave 1 hay un banco; le he dicho que podía ir allí a sentarse pero ha preferido esperar aquí.

Sólo puedo asentir con la cabeza y coger a Elizabeth por la mano para arrastrarla hasta el banco de madera de la nave 1.

Me tiemblan las manos mientras aprieto dentro de la pata de Piki el contenido del bolsillo de Eli. De vez en cuando echo una mirada a mi alrededor, estoy temiendo todo el rato que alguien desde lejos nos haya visto y venga a desbaratar la limpia maniobra de Eli, pero no ocurre nada.

Los hombres del mono blanco pasan por nuestro lado camino del laboratorio. Llevan en una carretilla los tarros vacíos. El agente se ha debido quedar cerca de la caseta del depósito porque no le veo con ellos.

Los hombres nos saludan al pasar y uno de ellos añade:

—¿Qué, tomando el sol, eh?

Me parece que me mira con excesivo interés y me sobresalto. ¿Será éste el que cogió el tarro del que Eli había sacado los puñados del compuesto? Me quedo quieta en el banco hasta que los hombres desaparecen, luego coloco al osito sobre mis rodillas y me inclino sobre él para ponerme a coser.

¿Y si fuera verdad que nadie se ha dado cuenta de nada? Eli me ve seria y quizá piensa que estoy enfadada:

—No le dirás a los hombres que cogí de esa cosa que había en los botes, ¿verdad? Piki se estaba quedando tan vacío...

—No, no se lo diré a nadie. Es un secreto tuyo y mío.

La pata de Piki está ya cosida. Se le nota bastante el

arreglo, pero ha quedado firme. No tengo yo los nervios para primores ahora.

Me levanto y echo a andar hacia el embarcadero. Eli trota a mi lado con el osito bajo el brazo. Hasta este momento yo hubiera podido asegurar que Eli había hecho la maniobra sola, desde este momento yo también estoy complicada en el asunto. ¿Tendrá bastante Yuri Sako con el relleno de la pata de Piki para hacer una prueba? Espero que sí. El osito es bastante grande.

Le acabo de prometer a Eli que no le voy a contar su secreto a nadie, pero estoy deseando llegar al embarcadero para contárselo a Duncan. Claro que mi hermano es como si fuera yo misma repetida en otro. ¿Se lo contaré a Marco? Sí, me parece que sí, no le podemos dejar fuera de esto después del interés que ha mostrado por los trabajos que está realizando el abuelo.

Ahora que tenemos el compuesto escondido en un sitio tan fabulosamente estupendo me rompo la cabeza pensando en cuál será la mejor manera de sacarlo de la B.E.N. y hacérselo llegar a Yuri Sako. ¿Tendrá nietos el amigo del abuelo? ¿Podríamos mandarle el osito como un regalo para los niños?

¿Esperaremos a que Elizabeth se lleve el muñeco a su casa el lunes y se lo quitaremos entonces de su cuarto de jugar? No, sería peligroso esperar tanto tiempo. Cabe muy dentro de lo posible que a la pequeña le dé por contarle a cualquiera el origen del nuevo relleno de la patita del oso.

Sería mucho mejor hacer desaparecer el osito ahora. Claro que si yo lo guardo en este momento hay el peligro de que Eli arme un escándalo. Además, yo tendría que sacar entonces el osito de la Base al marcharme y eso resultaría arriesgado. Un muñeco de trapo en manos de una niña de cuatro años no resulta sospechoso, pero si lo llevo yo o lo sacan Duncan o Marco, ¿qué pensarían los del puesto de control?

No consigo llegar a ninguna solución que me parezca realizable.

Estamos llegando al embarcadero, ya oímos el chapoteo que arman los chicos entrando y saliendo del agua. En cuanto Duncan nos ve llegar grita:

—¡Ven a probar el agua, Pi, está estupenda!

—¡Hola, niñas! —nos saluda Marco desde el centro del río.

Roger está vestido y no me parece que tenga aspecto de haberse bañado.

—Yo no quiero bañarme —dice Eli y no quiere ni acercarse a la orilla. Clava los pies en la arena y se queda quieta cerca de la puerta.

—No, hermosa, tú no te bañas —la tranquilizo—. Verás, te sientas aquí y cuidas de Piki, ¿quieres?

De buena gana me sentaría junto a ella para no perder de vista al osito, pero resultaría extraño que después de haber venido para bañarme me quedara sentada en la orilla. Además tengo que hablar con los chicos para contarles lo de la muestra escondida dentro de la pata del muñeco.

Miro indecisa a mi alrededor para ver dónde han dejado los chicos su ropa. Roger no me hace caso porque está junto a la orilla viendo las evoluciones de los chicos en el agua; es el oficial, que está apoyado en los postes de la puerta, el que me señala una especie de barca de fondo plano que flota amarrada al embarcadero. Sobre esta chalana hay construida una tosca caseta de tablones.

Salto a bordo y me meto en esta cabina rudimentaria para quitarme la ropa y quedarme en traje de baño. Mientras lo hago miro por entre las rendijas de los tablones; me gustaría que Dun o Marco se acercasen por aquí para decirles que se vengan nadando conmigo hasta el centro del río. Creo que allí podríamos hablar sin que nadie nos oyera, pero los chicos se alejan nadando hacia el otro lado del río.

Dejo mi ropa doblada en un rincón de la cabina, como han hecho los otros, y salgo a la pequeña plataforma que tiene la chalana en la popa. Podría gritar a Dun y Marco, pero no quiero llamar demasiado la atención de los agentes que nos rodean. El oficial me observa desde la puerta, estoy segura de que el hombre que está en la garita también me ve y desde la torreta que domina la caseta del motor de toma de agua, otro agente también mira en esta dirección.

Cuando ya estoy a punto de tirarme de cabeza al agua para ir a buscar a Dun y Marco, veo venir a Mary y a tío Alex. Decido que voy a hablar con ellos primero, pero se me adelanta el oficial y como lo que tengo que decirles no lo puedo contar delante de él, doy media vuelta y me tiro al río.

El agua está fría de veras, mucho más fría que la de la piscina del colegio. Tengo que nadar un rato con todas mis fuerzas para reaccionar. Cuando la primera heladora impresión ha pasado, me detengo un rato en el centro del río y trato de localizar a los chicos, ¡están tumbados tranquilamente en la arena de la orilla tomando el sol!

—¡Eh, chicos, venid aquí tengo que contaros una cosa! —me decido a gritar.

—Ven a contárnosla —me contesta Dun incorporándose a medias sobre un codo.

—No seas bobo, venid vosotros al agua. Íbamos a entrenarnos juntos, ¿no?

—Está demasiado fría, Tres Catorce —se disculpa Marco.

—Sois unos flojos —les grito indignada—. ¿No os da vergüenza?

—Ni pizca, Pi —me contesta el fresco de mi hermano—. Tú te acabas de meter en el río, pero ya verás dentro de un rato.

Tío Alex, Mary, Roger y el oficial hablan en un grupo junto a la chalana. Mary vuelve la cabeza hacia mí y le hago una seña con la mano. Si yo consiguiera separarla del grupo y que viniera conmigo hasta el árbol grande que hay en este trozo del río, quizá podría contarle el secreto y ella me aconsejaría. La responsabilidad que me ha caído encima me está dando un miedo que crece por segundos...

Mary no me entiende, contesta a mi gesto moviendo su mano por encima de las cabezas de todos los del grupo para corresponder a lo que ella cree que es un simple saludo. Luego les dice a los chicos:

—Vamos, echaos al agua, miedosos. Parece mentira que dejéis que sea Pinayara la que os dé ejemplo de valiente deportista.

Pero los bobos esos esos siguen sin animarse a volver al agua y, en cambio, parecen seguir con mucho interés la conversación de tío Alex con el oficial.

Me estoy poniendo desesperadamente nerviosa. ¿Cómo voy a poder explicarles lo que pasa si no me dan la oportunidad de hablar con ellos?

Por fin no tengo más remedio que salir a la orilla; he

estado demasiado tiempo dentro del río, me castañetean los dientes y tengo las uñas azules.

Subo el pequeño repecho sembrado de arena que me separa de los que componen el grupo. Me tumbo al sol cerca de Duncan. No puedo ni soñar en hablarle de nada de lo que me importa porque los policías están peligrosamente cerca.

Llamo a Eli para que venga a sentarse junto a mí, pero no quiere. Cierro los ojos y, mientras el sol me calienta y reacciono sobre el suelo tibio, aprovecho para pensar con toda intensidad. ¿Qué puedo hacer? ¿Me vuelvo a casa con Eli y se lo cuento todo al abuelo? Se va a enfadar, ya nos dijo claramente que él quería hacer las cosas a su manera. No le va a gustar que yo me haya entrometido en sus asuntos. Bueno, la verdad es que yo no me he entrometido sino que todo se me ha venido a la mano, yo sólo he completado la maniobra de Eli.

¿Y si yo le dijese al abuelo que he hecho todo esto para demostrar que la vigilancia dentro de la B.E.N. no vale gran cosa ya que hasta una niña pequeña puede...? No: rechazo esta idea poco honesta porque la realidad es que yo no lo he hecho para demostrar nada. Además, justamente porque Eli es una niña pequeña se han podido dar esta serie de circunstancias. Ninguno de los mayores hubiéramos podido hacer nada semejante.

Y no debo olvidar que el objetivo a conseguir es llevarle una muestra a Yuri Sako.

Abro los ojos para echar un vistazo a Eli y comprobar que ella y el osito siguen sin novedad. Piki está tirado en el suelo y la niña se entretiene torciendo el rumbo de un escarabajo con un palito. Me dan ganas de levantarme y traerme al osito junto a mí, pero temo que inspire sospechas mi solicitud y no lo hago. Después pienso que nadie puede recelar de un gesto tan inocente como es recoger un muñeco del suelo y acabo por tener que reconocer que estoy tan nerviosa que desproporciono las cosas. Estoy hecha un lío.

De repente decido que ya sé lo que voy a hacer. «En cuanto volvamos a casa de los abuelos me llevaré a Piki al cuarto de baño y vaciaré la pata por el desagüe del lavabo. Dejaré correr el agua y se acabó la desgraciada historia de la muestra de compuesto hidropónico».

En cuanto tomo esta decisión respiro tranquila; está visto que yo no he nacido para agente secreto.

Vuelvo a prestar atención a lo que pasa a mi alrededor. Alex y Roger hablan ahora con los chicos. Me muero de ganas por saber lo que están diciendo, pero por más que aguzo el oído no consigo distinguir las palabras. Me hago la distraída porque por nada del mundo quiero que se den cuenta de que me está doliendo que me hayan olvidado.

La mano del oficial señala ahora hacia el río, los chicos miran a tío Alex y éste asiente con la cabeza. Todavía habla el oficial un rato y luego también Roger explica algo; me da la impresión de que está dando instrucciones a los chicos, pero ¿qué instrucciones va a tener que darles Roger? Ya estoy yo, como mi hermano, inventando novelerías.

Lo que no son novelerías es lo de la pata de Piki y de eso es de lo que yo tengo que ocuparme.

De pronto Duncan se destaca corriendo del grupo y se dirige hacia la chalana. Me imagino que se va a tirar al agua y, de un salto me incorporo para seguirle. «Por fin voy a poder hablar con ese pelmazo», me digo.

Marco correr detrás de Dun, y cuando ya estoy dispuesta a tirarme al agua, veo que mi hermano se sube al techo de la cabina. Desde allí vuelve a saltar a la orilla. Marco le imita en todo este ejercicio. En cuanto pisan la arena de la orilla, vuelven a saltar a la cubierta de la chalana para empezar de nuevo.

Lo primero que pienso es que se han vuelto locos de repente; enseguida temo que les van a llamar la atención por hacer el bárbaro de ese modo. La chalana no me parece tan firme como para resistir este trato tan duro durante mucho rato.

—¡Este es un ejercicio estupendo para entrar en calor! —grita Duncan.

La chalana está bien amarrada, pero estos saltos disparatados sobre la cubierta y la cabina la hacen balancearse violentamente.

—¡Estamos en plena tempestad! —vocea mi hermano desde el techo de la cabina—. ¡El barco pirata está capeando el temporal!

—¡Iza la gavia! ¡Arría el trinquete! ¡Todo el timón a estribor! —se desgañita Marco.

Les miro hacer piruetas un poco asombrada y con bastante recelo. Desde el primer momento me ha dado la sensación de que están fingiendo, de que están haciendo teatro; pero ¿para quién? ¿Para mí? ¿Para los policías?

El oficial, tío Alex y Roger se ríen de las tonterías que hacen los chicos. Mary ha venido a ponerse a mi lado y Eli, de pie, se ríe también divertida.

Roger pasa corriendo ahora hacia la chalana.

—¡Al abordaje, mueran los piratas!

Me decido y echo a correr detrás de él. Los chicos están ahora sobre la cubierta, jadeando de cansancio y de risa. La verdad es que lo están pasando estupendamente bien jugando como críos pequeños. También a mí me gusta jugar así de vez en cuando.

Duncan y Marco vuelven a movilizarse en cuanto nos ven cerca y se ponen a danzar una especie de grotesca pantomima de lucha.

El agente de la puerta comenta alzando la voz para que le oigamos:

—Qué bien lo pasan, ¿eh?

—Ayúdenos, agente —bromea Roger también a gritos—, tenemos que acabar con los piratas.

¿Por qué tengo la impresión de que todos hablan mucho más alto de lo necesario?

—Qué más quisiera yo, doctor Malvina, pero no puedo jugar: estoy de servicio —dice el agente.

—No estamos jugando —asegura Roger fingiendo una gran seriedad—. Los piratas están robando el barco, ¿no lo ve usted?

—Ayúdenos a hacerlos prisioneros, agente —insisto

yo. Quiero seguirles el juego a los chicos y a Roger. No sé bien qué es lo que se traen entre manos, pero quiero que vean que sé adaptarme a cualquier tipo de fantasía tan bien como ellos, por lo menos.

El agente me mira riéndose. Es alto, grande y fuerte; tiene un aspecto tan sólido como el de los árboles que crecen junto al río.

—No puedo intervenir en la lucha contra los piratas, no estoy autorizado para ello.

Y se retira lentamente hacia su puesto en la entrada.

—¡Bien por el agente! ¡Vivan los piratas invencibles! —jalea Marco entusiasmado; y brinca sobre la cubierta de la chalana de tal modo que Roger y yo no nos atrevemos a abordarla porque se zarandea peligrosamente.

«Los piratas», al vernos dudar, celebran con gritos y risas su victoria. Duncan se inclina sobre los nudos de la cuerda que amarra la chalana al embarcadero y empieza a forcejear para desatarlos.

—¡Nos hacemos a la mar! ¡Iza el ancla, suelta una driza a sotavento!

—¡Vira a estribor, marinero! ¡Hay un tiburón en la cofa del trinquete!

No se pueden decir más tonterías en menos tiempo. Marco se ríe y todos nos reímos con él.

Me parece que Duncan está yendo un poco demasiado lejos en su broma. Me acerco a él para advertirle:

—Vamos, no seas crío; ya está bien para broma. Esos nudos están muy apretados y no vas a poder desatarlos y si los quitas la corriente arrastrará la chalana río abajo. Estate quieto, anda.

—¡Pero si eso es lo que quiero, boba, que la corriente nos arrastre!

—Nos vamos de excursión —anuncia Marco.

—No seais locos, ¿creéis que os van a dejar?

Me vuelvo hacia el grupo de los mayores; el oficial, tío Alex, Mary y Roger parecen no tener nada que oponer a un proyecto tan disparatado.

—¿Les vais a dejar ir? —pregunto incrédula.

—¿Por qué no? —concede el oficial como sin darle mucha importancia.

Aquí hay trampa y truco, a mí que no me digan. Dentro de la B.E.N. nos han vigilado continuamente y ahora van a dejar a estos que se larguen río abajo sin haberlos registrado siquiera. Ya no siento por los policías ni pizca de respeto, ¡son unos infelices!

Acabo de caer en la cuenta de que Dun no empezó a desatar los nudos hasta que Roger no habló de que los piratas iban a robar el barco. Todo esto lo tenían preparado, estoy segura. Y me acuerdo de que Roger nos ha contado que ellos habían intentado otras veces sacar muestras de falso compuesto. ¿Estarán intentándolo una vez más? ¿Será esta vez la muestra falsa o verdadera? El caso es que ahora la policía parece colaborar... De repente se me viene a la memoria ¡que la muestra verdadera la tengo yo en la pata del osito!

5
EMPIEZA LA AVENTURA

VOY a buscar a Eli y la traigo conmigo hasta la orilla junto a la chalana. Si se han creído estos que me estoy tragando el cuento que han organizado están muy equivocados. Esta excursión por el río es algo que no se me hubiera ocurrido a mí ni soñando. Tengo que aprovecharla a toda costa. Eli tiene a su osito firmemente abrazado y yo la tengo a ella bajo mi mano. Me mantengo a la expectativa dispuesta a aprovechar la oportunidad que parecen estarme preparando. Roger les dice a los chicos:

—Dejaos arrastrar por la corriente hasta casa de mi madre. Calculo que podréis tardar como unas cuatro horas.

Miro mi reloj: son casi las dos. Tengo el reloj puesto porque es sumergible y nos sirve para cronometrar nuestros tiempos cuando nos entrenamos. Dun tenía uno igual, pero se le aflojó el cierre y lo perdió en la playa el verano pasado. Roger completa sus instrucciones:

—La casa de mi madre se llama «Las Glicinas», pero no la veréis desde el río porque la ocultan los árboles.

De todas formas no podéis equivocaros, en cuanto veáis la torreta del transformador debéis empezaros a echar hacia la orilla derecha. Antes de que aparezca la torreta veréis los cables de alta tensión que van a lo largo del río como unos 300 metros. Eso os servirá de aviso de que ya estáis llegando. Yo tengo que ir a casa de mi madre a última hora de esta tarde para traerla y que esté aquí para la boda de Mary y Alex. Esperadme allí con ella y volveremos todos juntos en mi coche. Mientras yo llego decidle que os invite a su famosa tortilla de setas; y ¡guardadme un poco a mí!

—Va a resultar algo formidable esta excursión, tortilla y todo para merendar —dice Duncan frotándose las manos de excitación y de gusto.

—¿Por qué no vienes ahora con nosotros, Roger? —pregunta Marco.

—Tengo que poner en marcha el nuevo experimento. Tenéis que ir vosotros solos. A mi madre le encantará vuestra visita, está muy sola.

—Y a nosotros nos encanta hacer esta excursión para ir a verla —digo.

Sé que estoy pisando terreno resbaladizo, que nadie me ha invitado a este paseo y que me estoy metiendo donde nadie me ha llamado. Me estoy exponiendo a que me lo echen en cara, pero tengo que correr el riesgo. Nunca me ha gustado meterme a la fuerza, como una cuña, en los planes de los demás, aunque de estos «demás» forme parte mi propio hermano gemelo. Me duele que Dun esté jugando a algo sin contar conmigo y por esto mismo me gustaría poder quedarme a un lado y dejarle el campo libre; pero ahora que he empezado estoy decidida a llegar hasta el final, si es que estos bobos me dejan, claro.

Ha habido un momento de duda, Roger, Marco y Alex han cambiado miradas. Se están consultando; luego Dun me dice:

—Las niñas no venís.

—¿Cómo que no vamos? ¡Ya lo creo que vamos, no faltaba más!

—No seas estúpida, no queremos que corras peligros —me dice a media voz.

—Dun, no seas fantástico, ¡peligros! —me burlo.

—Esto no es una simple excursión. Tres Catorce, es una misión secreta —me dice Marco; y por primera vez en mucho rato me parece que habla para mí sola y no para un lejano auditorio fantasma.

—¿De veras? —hago que me asombro.

—De veras, una misión secreta muy importante.

—Bueno, pues yo, el agente Tres Catorce, también voy con vosotros en misión secreta —replico lo más tranquila que puedo.

—¿La admitimos, Alex? —consulta Marco.

—Claro que sí; va a ser una aventura divertida, no sé por qué la vais a dejar en tierra —contesta tío Alex.

Me parece que Mary va a objetar algo, pero al fin no se decide. Bueno, ya lo he conseguido; ahora tengo que intentar cogerle el osito a Eli y llevármelo a la chalana.

Para ganar tiempo mientras maniobro junto a la niña pregunto:

—¿En qué consiste esta misión secreta?

—No lo sabemos, por eso es una misión secreta —dice Dun.

—Pero llevaremos algo o iremos a buscar algo, ¿no? —insisto.

—Secreto, alto secreto —vuelve a decir mi hermano.

—¡Valiente birria de misión secreta es esta! ¿Qué es lo que vamos a hacer exactamente? —Eli tiene el osito fuertemente abrazado, he querido cogérselo, como jugando y no lo suelta por nada. Me dan ganas de quitárselo por las malas, pero eso no solucionaría nada. Tengo que conseguirlo por las buenas... o llevármela a ella también. Esto se complica cada vez más.

—Los buenos agentes no preguntan; se limitan a cumplir órdenes —interviene ahora el oficial.

—¿Qué clase de órdenes? —quiero concretar.

—El teniente Sar ya nos las ha explicado a nosotros —me dice Marco; y ahora me entero de que este oficial es teniente y se llama Sar. Cuando llegué antes estaban todos tan entretenidos conspirando que nadie se acordó de presentarnos.

—Las misiones secretas siempre tienen un nombre clave —tengo que ganar tiempo y pensar algo para llevarme a Eli conmigo.

—Es cierto, suelen tenerlo —admite el teniente Sar.

—¿Cómo se llamará ésta? —pregunto.

—Le pondremos un nombre muy misterioso, ya veréis

—dice Duncan—. Los espías internacionales se volverán locos. Venga, vámonos ya.

—¿Habrá espías y todo?; vaya, como en las misiones secretas de verdad —finjo que me asombro. Tengo que actuar, y rápido, o se irán sin Eli.

—Ya lo creo, os seguirán a lo largo de vuestra excursión, os vigilarán sin perderos de vista, os pondrán trampas y hasta os harán fotos para sus archivos —nos dice tío Alex, que me está pareciendo tan fantástico como Dun.

Aprovecho la ocasión por los pelos:

—Ven, Eli, vamos a posar para los espías internacionales —tiro del brazo de la niña y trato de hacerla saltar a la chalana, aunque ella se resiste. Sólo me falta ahora que la niña se empeñe en no ir.

—¡No, la niña no! —protesta furioso Dun.

—¿Por qué no? —este patoso me va a estropear la combinación. ¿Cómo me llevo el osito sin llevarme a la niña?

—Es una pequeñaja y no va a hacer más que molestar. Además, se puede caer al agua, le puede pasar algo. ¡No viene con nosotros!

Siento a Elizabeth engallarse y cuadrar los hombros bajo mi mano.

—Sí voy, y Piki también va.

—Pero, Elizabeth, ¿no ves que te vas a aburrir con nosotros? —Marco la quiere convencer por las buenas.

—Y aunque no se aburra ¿qué va hacer esta pequeñaja

en un barco pirata? —remacha Duncan—. Se pondrá a llorar asustada cuando menos falta haga.

—Eli es una niña mayor que no llora —tengo que conseguir que la niña se venga con nosotros, aunque veo a los chicos mirarme enfadados por lo que les está pareciendo una estúpida cabezonería mía.

—No lloro si me llevas —puntualiza Eli—, pero como no me lleves, lloro.

—¡Chantaje! —grita Marco queriendo aún bromear, pero le veo mirar a los otros como para que convenga con él en lo absurdo de mi pretensión.

Mary interviene conciliadora:

—Tú vente conmigo, Eli, te voy a enseñar una cosa muy bonita que tengo en mi apartamento para ti.

Todos parecen haberse confabulado contra mí, pero no puedo desaprovechar esta ocasión tan magnífica, así es que decido jugármelo todo de una vez y salto a la chalana arrastrando a Eli conmigo.

La cubierta vacila y me tengo que apoyar contra la pared de la cabina. Mantengo a la niña bien apretada contra mí y de paso sujeto al osito.

Duncan salta a tierra inmediatamente:

—Bueno, pues si va Eli yo me quedo —dramatiza para buscar el apoyo de todos los que contemplan la escena desde la orilla.

Este bobo me está poniendo furiosa; él si que es cabezota. ¿Por qué no se le ocurre pensar que si yo hago esto es porque tengo razones para ello?

—Está bien, puedes quedarte —le digo—. No nos haces ninguna falta, podemos pasarlo muy bien sin ti. Marco, suelta la amarra, anda. Eli, agarra fuerte a Piki que nos vamos.

He ganado. Marco no hace nada para soltar la amarra, pero Dun ha vuelto a saltar a bordo. Está muy enfadado y no quiere ni mirarme, pero he ganado.

Ahora que estamos a punto de zarpar me entra, de repente, la preocupación de que deberíamos pedirle permiso a los abuelos. ¿Qué van a decir cuando vean que no vamos a comer a casa? ¿Y qué vamos a comer? Según Roger tenemos cuatro horas de viaje por delante.

—Tío Alex, ¿no les parecerá mal a los abuelos que nos vayamos?

—No, nosotros les explicaremos el plan que habéis hecho. Se alegrarán de saber que lo vais a pasar bien.

Eli tiene los ojos llenos de alarma desde que se me ha ocurrido pronunciar la palabra «comer».

—¿No vamos a comer? —pregunta.

—No, no vas a comer nada, tragona —le asegura Dun.

No quiero que esta pequeña se me eche para atrás y se niegue a venir conmigo, así es que le digo:

—No te preocupes, Eli; compraremos bocadillos por el camino; no llevo dinero encima y sé que no vamos a poder ir parando donde queramos; aparte de que no creo que haya bares instalados en las orillas, claro. He mentido de un modo descarado, pero ¿qué puedo hacer si no llevarme a Eli?

El teniente ha sacado de no sé dónde un paquete envuelto en papel encerado y una botella grande de limonada:

—Para que no os desmayéis por el camino.

Me confirmo en mi sospecha de que esta escapada estaba archipreparada. Mientras Duncan acaba de soltar los nudos de la amarra veo a Marco hacerle un guiño al teniente. Me dan ganas de imitarle y repetir su gesto para que vean que estoy tan dentro del juego como ellos mismos. ¿Creerán de veras que me están engañando?

Si nos hemos hecho ilusiones de que vamos a probar los bocadillos del paquete ya podemos irlas olvidando. Eli suelta a Piki y se apodera de las provisiones. La creo muy capaz de comérselas ella sola.

La chalana no tiene remos, pero nos han proporcionado un palo muy largo que va a servirnos de pértiga; la utilizaremos si la corriente nos acerca demasiado a la orilla. El timón está carcomido y medio arrancado y me parece que no va servir de mucho.

—Eso no es problema —me dice Marco—. Cuando lleguemos cerca de Las Glicinas uno de nosotros se echará al agua y llevará el cabo de amarrar hasta la orilla.

Dun ha terminado con los nudos; entre todos nos dan un poderoso empujón hacia el centro de la corriente.

—¡Buen viaje! —nos desea el teniente Sar.

—¡Que os divirtáis! —dice Mary.

—Acordaos de las órdenes, chicos. Nada de acercaros a la orilla hasta que lleguéis a Las Glicinas; y cuando lleguéis allí, esperad a Roger —recuerda el teniente a los chicos.

—No os olvidéis de las tortillas, son algo sensacional —recomienda Roger. Y yo pienso que la señora Malvina se va a quedar asustada cuando vea la cantidad de invitados hambrientos que le llegan inesperadamente.

Empezamos a alejarnos del embarcadero.

—¡Que tengáis mucho cuidado con la niña! —nos grita Mary y como ve que Duncan ha tropezado con el osito y casi lo ha pisado, vuelve a decirnos—. ¡Y cuidado también con el muñeco, no lo vayáis a perder; ya sabéis cómo lo quiere Eli, sería una tragedia!

Ella está hablando en broma y no sabe la verdad que está diciendo. ¡Si perdiéramos a Piki, menudo lío! Ya me encargo yo de que el osito haga un viaje seguro. Eli sigue mirando extasiada su hermoso paquete de bocadillos y no hace ningún caso a su juguete. Me inclino para recogerlo, pero Dun se me adelanta, lo agarra por una pata y hace ademán de tirarlo al agua. Los gritos de Eli nos destrozan los oídos. Menos mal que los del embarcadero nos ven todavía, si no hubieran podido pensar que a la niña le estaba pasando algo realmente malo.

Me lanzo sobre mi hermano para rescatar al osito. En

realidad lo que me importa de veras en este momento es comprobar que Dun no está enfadado en serio conmigo.

No, no lo está. Ya estamos luchando como hacemos en casa a cada minuto. Rodamos por el suelo poniéndonos en grave riesgo de caer al agua, pero no me importa. Me gusta pelear así con mi hermano. Lo hacemos en serio, quiero decir que luchamos con todas nuestras fuerzas y empleándonos a fondo; claro que procuramos no hacernos daño. A mamá no le gusta que lo hagamos y siempre nos está pronosticando que nos vamos a romper un hueso; papá, en cambio, piensa que es bueno jugar así y que conseguimos fuerza y elasticidad. Es divertido tirarnos por el suelo y forcejear, lo malo es que siempre acabo riéndome a carcajadas y eso me quita fuerzas. En estas peleas vale todo y yo tengo cosquillas. Duncan se aprovecha de eso y me vence porque me hace reír y reír hasta perder el aliento.

Esta vez yo juego con ventaja porque él tiene una mano ocupada en sostener al osito; le echo las manos a la garganta y hago como que quiero ahogarle. Se defiende con la mano libre y sube las piernas hasta casi alcanzar mi cabeza. Marco y Elizabeth nos miran. La niña se agarra con fuerza a la mano de Marco porque la chalana se bambolea mucho.

Marco parece muy divertido y pienso que si no fuera porque tiene que sostener a Eli ya se habría mezclado en la pelea. Al cabo de unos instantes dice:

—Bueno, dejadlo que Elizabeth se asusta y este chisme se mueve peligrosamente. Vais a acabar por tirar el osito al agua.

—Espera —le digo casi sin aliento—, espera y verás lo que va a quedar de este pirata de pega que no quería dejarme venir al safari.

Aprieto el cuello de Duncan que se ríe forcejeando y habla como a empujones. Está tan colorado que parece que le va a saltar la sangre de la cara:

—¡Traidora, asesina de hermanos, parricida, intrusa...! Tenías que haberte quedado en casa con la pequeñaja esa —se ríe tanto que le da tos; claro que también es porque yo le estoy sujetando por la garganta.

—Te soltaré —concedo magnánime—. Me das pena. Claro que tendrás que reconocer que esta vez te he ganado yo.

Le suelto, me levanto y me voy de un salto al otro lado de la chalana para ponerme fuera de su alcance. Dun se levanta también tambaleándose un poco:

—Has ganado porque has jugado con ventaja; yo sólo tenía una mano, así gana cualquiera. La culpa es del osito birna este. Lo voy a tirar...

Los gritos de Elizabeth vuelven a rompernos los oídos:

—¡No lo tires! ¡Dame a mi Piki...!

—Hombre, Duncan, dáselo —pide Marco—. Tenemos que hablar con Tres Catorce, ya sabes.

Y cambia con mi hermano una mirada de complicidad: ¡si ya sabía yo que éstos se traían algo entre manos!

—Yo no tengo nada que decirle a Pi —asegura Duncan para hacerme rabiar y aunque me muero de curiosidad procuro ocultar las ganas que tengo de saber de qué se trata.

—Vamos, Dun, que es mejor que esté enterada de todo —dice Marco.

¿Qué será «todo»?

Eli da vueltas alrededor de Duncan para conseguir el osito. Por fin él se lo da y luego se va a sentar en la proa de la chalana, apoya la espalda contra la pared de la cabina y cruza los brazos. No pienso suplicar que me cuenten a qué están jugando, así es que me tumbo al sol en la cubierta de popa y apoyo la cabeza en el brazo para estar incorporada y ver la superficie del agua. Se está bien así sobre la madera calentita. Eli viene a sentarse a mi lado con todo su equipaje: el osito, la botella de limonada y el paquete de los bocadillos:

—¿Me los como, Pinayara?

—Sí, Eli, come los que quieras.

Abre el paquete con verdadera reverencia para empezar el ataque.

Las golondrinas vuelan bajo. Eli y yo nos distraemos viéndolas tirarse en picado, quebrar el vuelo cuando han atrapado algún insecto y remontarse a lo alto para volver a descender de nuevo. Algunas veces bajan hasta tan cerca del agua que parece que se van a clavar irremediablemente en el río, pero siempre resulta que tienen la distancia calculada con tan prodigiosa exactitud que se remontan en el preciso instante. Pasan rozando apenas la superficie con la punta de las plumas de la cola y dejan detrás un pequeño círculo dibujado en el agua, un círculo que va agrandándose, agrandándose...

Me pongo boca abajo y dejo que el sol me caliente la espalda. Eli sigue comiendo. El osito está junto a mí. Es tonto que no les haya dicho nada a los chicos todavía, pero tampoco ellos hablan conmigo y no quiero ser la primera en buscarlos. Espero.

La chalana marcha despacio río abajo. Marco, que ha ido hasta ahora de pie, se decide, ¡por fin!, a venir a sentarse junto a mí y empieza a explicar:

—Verás, Tres Catorce, no creas que esta excursión por el río es un simple paseo.

—¿No, qué es entonces?

Marco mira a Eli, pero la niña está completamente dedicada a sus bocadillos. Me parece que ya va por el tercero y solamente quedan tres más.

—Pues es una especie de anzuelo tendido a esos tipos de la M.U.R.G.A. para ver si pican y dan ocasión a la policía para que los atrape.

—Ya entiendo, es una intentona más como esas otras que Roger mencionó esta mañana cuando estábamos en el laboratorio.

—Sí, algo así, pero más serio. El teniente Sar nos ha contado que han captado una llamada por radio dando informes sobre la organización de la B.E.N. Y la llamada ha partido de algún punto dentro de la misma Base.

—¡Eso quiere decir que en la Base hay un espía!

—Claro y por eso el teniente Sar, Roger y Alex han proyectado esta salida nuestra. La llamada la captaron anoche y se quedaron hasta muy tarde hablando sobre ella. Esta mañana, al amanecer, han venido Roger y Alex con mucho misterio en apariencia, pero en realidad haciendo bastante ruido como para que se les oyera desde la otra orilla del río; y han buceado alrededor de la chalana para simular que sujetaban algo por debajo de la cubierta. Después a la hora en que todo el personal estaba reunido en el laboratorio, Roger ha contado la historia de Dorita y de la muestra que ha mandado Yuri Sako. Ha insistido en que había que hacer llegar al amigo de vuestro abuelo una muestra de nuestro compuesto y ha insinuado que Alex y él tenían un plan.

Si el traidor se ha enterado de esta historia habrá alertado por radio a todos los miembros de la banda que acechan por esos alrededores. Creerán que nosotros, inocentemente y por juego, estamos colaborando con los planes de Roger y Alex y que hemos conseguido burlar a la policía de la B.E.N. Es posible que intenten detenernos para registrar la chalana.

—¿Y si lo hacen? —pregunto.

—No opondremos resistencia, claro. No llevamos una muestra verdadera. La policía de la Base vigila de un modo discreto todos los movimientos de los hombres de la M.U.R.G.A. En cuanto alguien intente algo contra nosotros, la policía entrará en acción.

Duncan se ha acercado hasta nosotros y escucha también a Marco.

Me quedo callada un rato porque estoy tratando de ordenar mi cabeza por dentro. ¡Qué lío más espantoso!

Resulta que se ha organizado esta excursión para que finjamos algo que... de resultas de la intervención de Elizabeth, se ha convertido en una cosa absolutamente cierta. Cuando se lo diga a estos dos les va a dar un patatús de la sorpresa que se van a llevar.

—Bueno ¿no estarás asustada, verdad, Tres Catorce? —me pregunta Marco poniendo su mano en mi brazo.

—No, claro que no —aseguro con toda seriedad, pero por aquí dentro tengo un hormiguillo que si no es miedo se le parece muchísimo.

Duncan me amplía las explicaciones de Marco:

—La consigna es no acercarnos a la orilla para nada. Hay que dejar que sean ellos los que tomen una iniciativa contra nosotros.

—¿Qué harán? ¿Qué pueden hacer? —les pregunto a los chicos.

—Nada violento, desde luego —me tranquiliza Marco—. Además, toda la orilla está muy vigilada. En realidad esta es una aventura poco aventurada, estamos muy protegidos.

—De todas formas resulta emocionante —dice Duncan.

—A lo mejor ni siquiera ocurre nada —apunta Marco.

—Hombre, no fastidies —Duncan no quiere admitir esta posibilidad.

—¿Y si volcasen la chalana? —se me ocurre. Y la reacción de Marco es instantánea:

—Eli, ¿sabes nadar?

—No quiero bañarme —gruñe Eli terminando la última miga del último bocadillo.

—No te vas a bañar, Eli, no te preocupes. Sólo queremos saber si sabes nadar.

—No sé si sé —es todo lo que podemos lograr como contestación.

—Bueno, no importa; yo me ocuparía de ella. Será fácil remolcarla hasta la orilla —digo yo.

—La dejaremos que se ahogue; total ¿qué más da? —dice Duncan.

Pero no es fácil intimidar a Eli; tiene un carácter bien templado:

—No me ahogo. Hago así con los brazos y voy por encima del agua —imita los movimientos que nos ha visto hacer para nadar.

Marco tiene que incorporarse y usar la pértiga para empujar la chalana hacia el centro del río. El agua es poco profunda aquí; no más de tres metros seguramente. Todo está muy tranquilo y se oye trinar a los pájaros. Parece imposible que pueda haber nadie emboscado entre los árboles de la orilla. Recuerdo que en las novelas los indios siempre saben cuándo se acercan los enemigos porque los pájaros dejan de cantar en cuanto hay hombres en las cercanías. Enseguida caigo en la cuenta de que esto deben ser fantasías, o algo que sólo ocurre en tierras de indios, porque nosotros estamos muy cerca de estos pájaros y no por eso dejan de cantar como locos.

Imagino que en las orillas hay muchos hombres y

todos vigilando. Unos nos acechan a nosotros; y éstos son a su vez vigilados por la policía. Me figuro a los hombres de la B.E.N., de paisano, deslizándose como sombras y dispuestos a intervenir en nuestra defensa. La idea me conforta.

Lo malo es que los agentes de la M.U.R.G.A. al perseguirnos están mucho más cerca de lograr su objetivo de lo que ninguno de los hombres de la B.E.N. puede suponer, ¡porque llevamos una verdadera muestra del compuesto! Me empiezan a dar mareos de pensar en todo este jaleo y decido contárselo a los chicos ahora mismo:

—¿Qué te parece estar interviniendo en esta aventura de verdad, Pi? —se me adelanta Duncan.

—Si hubieras podido me habrías dejado en casa, Dun; no te lo perdonaré en la vida.

—No queríamos que corrieras peligros; esto es como de novela.

—¡Y tan de novela —le digo—, no lo sabes tú bien!

—¿Cómo que no lo sé? ¡Serás tonta! Lo sé mucho mejor que tú. ¡Si hemos sido nosotros los que te hemos contado a ti todo el proyecto de Roger y el tío Alex! ¿Has visto lo boba que es esta hermana mía, Marco?

No me molesto ni en enfadarme. Ha llegado la hora de mi desquite, de nuestro desquite, porque también Eli va a ascender en el aprecio de los chicos cuando yo les cuente toda la realidad de la aventura que están viviendo.

—¿Créeis que me habéis contado algo interesante, eh? Pues, escuchad: confidencia por confidencia, veréis... —y les cuento de la manera más concisa que puedo toda la historia del compuesto y la pata del osito.

Veo que siguen mi relato con asombrado interés y el comprobar que estoy sorprendiendo y admirando a los dos chicos, que creían que me iban a deslumbrar con su historia y que querían haberme dejado fuera de esta aventura, me resulta una compensación para todo el desaire que me han hecho antes y toda la inquietud que estoy pasando ahora.

—Esto sí que es una aventura de verdad, una buena aventura ¿comprendéis? —resumo—. Por eso me puse a tono con vuestras tonterías en el embarcadero y me subí a la chalana con Eli, a pesar de que ya me di cuenta de que vosotros no queríais.

—Oye Pi, que nosotros no hicimos ninguna tontería en el embarcadero. Sólo seguimos las instrucciones del teniente Sar —protesta Dun, pero le noto impresionado por todo lo que acabo de explicarles.

—Elizabeth —dice Marco bajito y como hablando para él solo—, tú sí que nos has metido en una situación complicada.

—Mira que la monigote ésta —se admira Dun—; ahora va a resultar el agente secreto número uno de toda esta aventura.

El agente número uno se ha bebido ya media botella de limonada; desde luego no se le ha ocurrido ofrecernos ni un trago.

—¿Te acuerdas de que antes dijiste que ibas a buscar un nombre a esta misión secreta? —le digo a mi hermano—. Hablabas en broma, pero ahora resulta que tenemos en plena marcha una verdadera Operación Pata de Oso.

Me estoy desquitando de todo lo que me han hecho rabiar antes. Sé que he crecido en su admiración. Creo que merece la pena este pellizco de suspense que siento en el estómago.

Los chicos no me contestan nada. Se han quedado serios y preocupados. Seguimos marchando río abajo muy despacio.

—¿Qué vamos a hacer? —pregunto al cabo de un rato por hablar algo.

—¿Hacer? No vamos a hacer nada, Tres Catorce; sólo tenemos que esperar a ver lo que hacen ellos.

Nos quedamos callados viendo desfilar lentamente ante nosotros los árboles de las orillas. Son ya las tres menos cinco. Las dos riberas parecen desiertas, pero yo sé que en cualquier momento puede pasar algo. Me pone nerviosa esto de estar esperando algo que no sé lo que es ni de dónde va a venir.

—¿Hacemos algo? ¿Queréis que juguemos a adivinanzas? —propongo.

No tengo ningún éxito. Eli también se revuelve inquieta; esta encerrona en sitio tan reducido empieza a cansarla.

Me parece que he visto perfilarse una silueta junto al tronco de un árbol; cuando quiero fijarme bien ya ha desaparecido. No estoy segura de haberla visto de verdad, y sobre todo, no puedo probarlo, así es que no digo nada. No quiero que Duncan se ría de mí y diga que veo visiones de puro miedo.

Marco recuerda, de repente, que tiene una cajita con un anzuelo y un poco de sedal en el bolsillo del pantalón:

—Llevé este pantalón la semana pasada cuando fui a pescar con mi padre. Voy a intentar pescar algo.

Y ceba el anzuelo con una miguita de las pocas que se le han caído a Eli. Marco echa el anzuelo al agua. Eli decide, inmediatamente, que es ella la que va a pescar. Mi opinión particular es que ninguno de los dos va a pescar nada porque imagino que los peces del río son un poco más espabilados que para picar en un cebo tan poco apetitoso. Eli insiste terca, y cuando creo que Marco la va a apartar enfadado y me preparo a intervenir, veo que el buenazo de él la deja sostener el sedal. Es increíble la paciencia que este chico tiene con la niña. Y la cosa tiene más mérito si se considera que Marco es el hermano más pequeño de su familia y no ha tenido ocasión de tratar con niños pequeños.

Duncan vuelve a hablar de lo que nos preocupa:

—Yo creo que intentarán atraernos a la orilla con cualquier motivo.

—No iremos, ya sabes que la consigna es ir hasta Las Glicinas sin tocar tierra.

—Sí, pero ¿qué harán ellos cuando se den cuenta de que estamos llegando a la casa de la señora Malvina sin haberles dado ocasión a registrar la chalana?

—No sé —dice Marco—; quizá intenten detenernos de alguna manera.

—Tengo miedo —se me escapa, pero añado enseguida para arreglarlo—, por la niña, claro. No hemos debido meterla en esto.

—¿Cómo que no hemos debido...? Tú eres la que la ha traído —puntualiza Duncan—. Yo hice todo lo posible porque se quedara, acuérdate.

—¿Y cómo hubiéramos traído la muestra en la pata del osito sin traernos también a Eli con nosotros?

—Sí, Duncan. Tres Catorce tiene razón, no había otra manera de sacar la muestra de la B.E.N. —Marco me echa una mano siempre que puede.

—¿En dónde me habéis metido, di? —quiere averiguar Eli. Empezamos a temer que hemos hablado demasiado claro delante de ella.

Eli insiste en su pregunta una y otra vez, pero no le contestamos. Vuelvo a vigilar la orilla. A nuestra derecha, en la misma margen en que está la Base y también Las Glicinas, veo a un pescador. Para distraer a Eli de su empeño en preguntar le digo:

—Mira, un pescador. ¿Ves?, ese señor está pescando como tú.

Mucho antes de que lleguemos hasta el hombre ya está Eli gritando y saludándole con la mano:

—¡Hola, señor pescador! ¡Hola!

Es la primera persona con la que nos encontramos desde que salimos del embarcadero de la Base. Claro que vamos tan despacito que no debemos haber recorrido mucho camino. No veo bien la cara del hombre, pero su aspecto general es bastante inofensivo. Me tranquilizo.

El pescador levanta un poco la cabeza y nos grita a su vez:

—¡Eh, chicos! ¿Pescáis mucho?

—No le contestéis —nos advierte Dun en voz baja.

—Hombre, Dun, no veo por qué hay que hacer una cosa así —dice Marco en el mismo tono y alza luego la voz—. No, no hemos pescado nada, ¿y usted?

—Sí, algo he pescado. Si queréis probar suerte aquí hay sitio para vosotros también. Acercaos a la orilla.

—Vaya —nos dice Dun en un susurro—, este es el primero que intenta llevarnos a tierra.

—No digas tonterías, Dun; ese hombre no es más que un simple pescador —aseguro para tranquilizarme—. Ya estás inventando novelerías.

—No, muchas gracias —continúa Marco su diálogo con el pescador—. Vamos a seguir probando suerte desde aquí.

Procuro disimular un escalofrío que me da de puro nerviosa que estoy. Ya sería bastante inquietante saber que estamos siendo observados y seguidos por la M.U.R.G.A. aun sin llevar la muestra verdadera, pero llevando al osito con nosotros... ¿Y si consiguen apoderarse del muñeco y descubren lo que lleva en la pata? El abuelo no me lo perdonaría jamás.

Marco confirma la opinión de Duncan:

—Sí, creo que ese hombre es el primer cebo que nos echan. ¿Cuándo se ha visto a un pescador hacer el ofrecimiento de compartir un puesto de pesca a unos desconocidos que llevan un niño pequeño con ellos? La pesca es un deporte para solitarios silenciosos.

Estoy segura de que Marco tiene razón. Él sabe de pesca, además, porque nos ha contado que va mucho con su padre que es muy aficionado a este deporte.

¿Así es que el pescador que a mí me pareció tener un aspecto tan inocente nos estaba esperando? Pues el truco ha sido bien pobre; o piensan que somos bobos y que nosotros no sabemos nada y creen que va a ser fácil hacernos caer en una trampa. Lo comento con los otros y termino:

—El caso es que en alguna trampa tenemos que caer. Lo que quieren los de la B.E.N. es poder atraparlos por haber hecho algo contra nosotros.

—Contra nosotros no, Tres Catorce, contra la muestra que creen que llevamos. Supongo que lo que los bandidos quieren es que abandonemos la chalana para poder registrarla.

—Bueno, pues en cuanto veamos la menor señal de alarma abandonamos la chalana y que hagan con ella lo que quieran —decido.

—Lo que tenemos que hacer es guardar bien al osito en todo momento.

—Al osito lo voy a zambullir en el agua en cualquier momento —digo.

—Se disolvería la muestra, Pi —me recuerda Duncan.

—Mejor, estoy empezando a hartarme de toda esta historia de espionaje.

—Vamos, no te pongas nerviosa, Tres Catorce. No va a pasar nada, ya verás. Siempre estaremos a tiempo de meter el osito en el río si vemos que de verdad hay algún riesgo. A lo mejor ni siquiera han pensado los agentes de la M.U.R.G.A. en seguirnos.

Tiene razón. Marco es un chico que tiene razón siempre.

6

LA M.U.R.G.A ATACA

ME siento otra vez y procuro ponerme cómoda. Apoyo la espalda contra la pared de la cabina. Son las tres y veinte. Tenemos que esperar para ver si los de la M.U.R.G.A. hacen una nueva tentativa.

El agua nos arrastra lentamente. Duncan modifica el rumbo con la pértiga de vez en cuando. La chalana tiene tendencia a derivar hacia la orilla. Los peces de este río son estúpidos, o están más hambrientos de lo que yo había supuesto. Un ejemplar diminuto ha picado en el anzuelo que sostiene Eli. Marco y la niña hacen toda una fiesta del hecho de sacarlo del agua, desengancharlo del anzuelo y verlo colear sobre la cubierta. Luego, de común acuerdo, lo echan al agua otra vez.

Elizabeth tiene verdadera prisa por volver a pescar otro pez. Ceban el anzuelo con otra miguita y prueban suerte de nuevo. Pasa rato y rato y ningún incauto vuelve a picar, las chiripas no se repiten.

Hace mucho calor. Eli se ha ido recostando sobre Marco y acaba por quedarse dormida. Hablamos bajito para no despertarla:

—Me parece que no va a pasar nada —digo.

—Todavía falta mucho para llegar a Las Glicinas —contesta Duncan.

—No creo que se atrevan a detenernos. Es muy peligroso para ellos hacer una cosa así a pleno día y tan cerca de la Base —opino para ver si los chicos están de acuerdo conmigo—. Tienen que haberse dado cuenta de que la policía nos protege muy de cerca.

—Espero que la policía de la B.E.N. sepa trabajar con un poco más de habilidad de la que tú le supones, Tres Catorce. No, yo creo que los agentes de la M.U.R.G.A. supondrán que la policía va a seguir en este caso la rutina de siempre, es decir, registrar a la salida de la Base y nada más. Piensa que lo que se les ha dado a entender es que Roger y Alex tratan de sacar una muestra burlando la propia vigilancia de la B.E.N.

—Entonces serán capaces de hacer cualquier cosa para conseguir la muestra de compuesto que creen que llevamos —afirma Duncan que parece cada vez más interesado en que pasen cosas y cuanto más violentas mejor.

—La muestra de compuesto que llevamos es de verdad, no olvides esto —recalca Marco y levanta el osito de un modo muy significativo.

—Es verdad —exclama Duncan—, casi se me había olvidado que Elizabeth ha complicado todo este asunto. Operación Pata de Oso. Si lográsemos hacer llegar la muestra a Yuri Sako... Ya me imagino la cara que pondría el abuelo.

Yo no me la quiero ni imaginar si llega a enterarse del riesgo que estamos corriendo y haciendo correr a la muestra de su compuesto.

Eli sigue durmiendo cómodamente recostada sobre las piernas de Marco. Para ella la excursión no está resultando nada divertida. Tampoco para nosotros, la verdad. Ella se ha dormido de puro aburrimiento, nosotros, yo por lo menos, estamos tan excitados que pensar en dormir suena a cosa extraña.

De repente, Duncan, se pone de pie detrás de mí y se tira al agua. Me sobresalta su gesto inesperado, pero me imagino que ha querido la impresión del agua fría para templarse los nervios. Después de una larga inmersión, sale a la superficie y nada alrededor de la chalana.

—¿Te apetece el agua a ti también? —le pregunto a Marco. Me hace gesto de que sí y me pongo a su lado para que me pase a la niña. Él se va al otro lado de la cubierta para que el ruido del chapuzón no despierte a Eli y para evitarme las salpicaduras.

Durante unos minutos los dos chicos nadan y bucean a nuestro alrededor. No me gusta nada que se sumerjan y salgan del alcance de mi voz. ¿Y si ahora pasara algo con los dos muchachos lejos de la chalana?

Se me hacen larguísimos los minutos que están en el agua, pero al fin suben a bordo y arman tal alboroto para subir que despiertan a Eli.

—¿Qué pasa? —pregunta alarmada. Y en seguida me comunica—. Tengo sed.

Le doy la botella de limonada en la que aún queda

bastante. En el mismo momento oigo detrás de mí un golpe seco.

—¿Qué ha sido eso? —pregunto.

—No lo sé. Algo ha golpeado contra la caseta —dice Duncan.

—Sí, pero ¿qué ha sido?

—Yo no he visto caer nada —asegura Marco.

Duncan avanza hacia la parte delantera de la chalana para ver si en la proa encuentra algo. Marco le sigue de cerca y yo me quedo prudentemente a popa con la niña sujeta por los hombros. Hay que estar preparados.

Duncan va a asomarse ya a la parte delantera y, de pronto, le veo detenerse y dar unos pasos vacilantes

hacia atrás. Algo ha debido golpearle en la cabeza.

No consigo distinguir nada, pero Duncan se aprieta la mano contra la frente y Marco tiene que sujetarle para que recobre el equilibrio.

La chalana se ha detenido y estamos empezando a girar lentamente. Marco avanza ahora llevando una mano a la altura de su cabeza, pero como si buscara algo a tientas:

—Ya lo tengo, mirad.

Su mano se ha cerrado alrededor de algo que no veo.

—¿Qué es?

—Es un cordón de nailon transparente.

Sigo sin ver nada, pero caigo en la cuenta de lo hábil

de la maniobra. Han querido detenernos y este ha sido un buen sistema: un cordón grueso tirado de orilla a orilla a la altura de nuestras cabezas. Eso es lo que ha golpeado la cabina produciendo el ruido que me asustó y eso es lo que ha hecho que la chalana se detenga. Y como la cabina va más bien a proa, la popa ha empezado a girar empujada por la corriente.

¿Y si hubiésemos ido alguno de nosotros de pie en la proa? A estas alturas cualquiera de nosotros podría tener una buena herida en la cabeza. Me dan ganas de gritar que este ha sido un truco muy bruto y que así no juego; enseguida recuerdo que esto no es un juego.

Ahora sí que estamos seguros de que tenemos a esos tipos de la M.U.R.G.A detrás de nosotros. Bueno, lo de detrás es sólo una forma de expresarse, porque estoy segura de que los tenemos también delante y a los costados. Me entra miedo de verdad.

—Bueno y ahora, ¿qué hacemos? —nos pregunta Duncan.

—Tenemos que continuar río abajo —afirma Marco decidido.

—Sí, pero ¿cómo? —quiero averiguar.

—Cortando este cordón —contesta. Y se pone a mirar rápidamente alrededor de él buscando con qué hacerlo.

Miro con recelo a las dos orillas; no se advierte ningún movimiento. Todo está tranquilo en absoluto. Y, de repente, Eli grita:

—¡Es mía, dámela!

Marco acaba de quitarle de las manos la botella de

limonada y la ha roto contra el borde de la chalana de un solo golpe seco. Media botella y todo el líquido que había dentro caen al río, pero en la mano le ha quedado un magnífico cuchillo de cristal. De un tajo corta el cordón que nos retenía y la chalana reanuda su ruta río adelante.

No se oye ningún ruido anormal. En las dos riberas reina la más completa tranquilidad. Luego, en la orilla derecha unas matas altas se agitan con violencia. Nos parece oír un rumor de lucha y un grito ahogado. ¿Qué ha pasado? ¿Quién ha atacado a quién en la ribera del río? ¿Y quién ha vencido?

¿Saben ya los policías de la B.E.N. que llevamos una muestra del compuesto en la pata del osito? Y en el caso de que lo sepan ¿nos detendrán antes de que lleguemos a Las Glicinas para quitárnosla o nos esperarán en casa de la madre de Roger?

Eli está furiosa con Marco:

—¡Me has quitado mi botella y la has roto! ¡Era mía, quiero mi limonada! ¡Tengo sed!

—No te enfades, Eli, bonita. La necesitaba para cortar aquel cordón que no nos dejaba pasar. En cuanto lleguemos a casa de la señora Malvina le pediré que te haga un vaso grande de limonada para ti sola.

—Un vaso no, quiero más.

—Dos vasos.

—No, más de dos vasos —insiste mimosa la pequeña.

—¡Un cubo de limonada!

—¡El baño lleno de limonada!

—¡La piscina llena de limonada!

Marco y Eli saben muy bien que están diciendo tonterías y acaban riéndose como bobos hasta casi llorar. Eli vuelve a la sensata realidad y concreta seriamente:

—Bueno, tú dijiste un vaso ¿no?; pero que sea grande ¿eh? Y con muchas cucharadas de azúcar.

Y Marco se lo promete con toda solemnidad.

—¿Para qué habrán querido detenernos? —pregunto.

—Quizá sólo para comprobar si la policía nos protege —opina Marco.

—Pues habrán comprobado que nos las hemos tenido que arreglar solos —dice Duncan.

—Solos para cortar el cordón, pero ¿y si ese ruido que hemos oído lo han hecho los agentes de la B.E.N. luchando contra los que querían detenernos?

—Ojalá los hayan atrapado a todos —deseo—. Al menos que esta aventura nuestra sirva para que detengan a todos los miembros de esa banda.

—Al primero que hay que detener es al que está camuflado dentro de la Base. Ese solo puede hacer más daño que todos los que trabajan fuera, ¿quién podrá ser?

Y nos dedicamos durante un rato a pasar revista a todos los hombres que hemos visto en los campos y en las naves de la B.E.N. Ninguno nos pareció sospechoso, pero es que los espías no llevan en la cara escrito que son espías, claro.

Oímos gritos en la orilla derecha. Es una niña la que grita:

—¡Suéltale, suéltale! ¡No te lo lleves, no, no, no...!

La vemos correr por el caminillo que va junto al río. Tropieza con unas matas, se cae, se levanta y vuelve a correr. No vemos hacia qué o hacia quién corre, pero sí vemos que va llorando.

La niña tuerce el sentido de su carrera y se interna entre los árboles de la orilla. Al cabo de un momento la vemos reaparecer; esta vez viene hacia nosotros y nos grita:

—¡Venid, está colgado y se va a hacer daño! ¡Yo no llego a ayudarle y Ramiro se va a morir!

Mi primera reacción es de recelo. No debemos ir, no debemos abandonar la chalana. Pero la niña llora y es una niña pequeña, como Eli, más o menos, nadie ha podido enseñarle a representar esta comedia con tanta veracidad, me digo después.

Los chicos no se han parado a pensar. Se han echado al agua y nadan hacia la orilla. No quiero de ninguna manera quedarme sola en la chalana.

—Si vosotros vais a la orilla remolcadnos a nosotras también —y les echo el cabo de amarrar.

En un momento estamos todos en la orilla porque el río no es ancho por esta parte. Atamos la cuerda al tronco de un árbol y seguimos a la niña.

Vamos por el caminito que ella siguió antes; más allá se ven un prado y una casa. Llegamos a los árboles donde antes se ocultó la pequeña. Me parece que son castaños. La niña corre mucho y los chicos la siguen. Yo llevo a Elizabeth de la mano y ella, a su vez, lleva fuertemente agarrado al osito. Ya me he ocupado yo de que lo cogiese antes de bajar de la chalana.

Los chicos y la niña se paran. Cuando Eli y yo llegamos junto a ellos Dun está trepando a un árbol; Marco, con los brazos levantados y casi de puntillas, sostiene sobre una rama a un cachorrillo de perro.

Al principio no entiendo nada. Luego, me doy cuenta de que el perro está atado a la rama con una cuerda. La rama no es muy gorda y el animalillo se escurre sobre ella. Si llega a perder el pie del todo la cuerda que le sujeta por el cuello le hubiera ahogado.

Dun desata los nudos —es la segunda vez hoy que mi hermano tiene que desatar nudos difíciles y apretados—, y en un momento el perrillo está libre. Marco lo deja en el suelo y el pobre bicho se refugia gimiendo y temblando en los brazos de la niña:

—Pobrecito Ramiro, pobrecito. Esos hombres malos te han asustado. No llores que ya no te pasa nada.

—¿Quiénes eran los hombres que han hecho esto? —pregunta Marco.

—¿Por qué lo han hecho? —quiere saber Dun.

—No lo sé. Vinieron por ahí. Yo estaba allí jugando con Ramiro. Mami nos dijo que nos quedásemos al sol para que se nos secase el pelo. Lo teníamos mojado porque nos habían bañado a los dos.

La pequeña se pierde en explicaciones y no acabamos de enterarnos de quiénes eran los bárbaros que hicieron esta fechoría con el pobre Ramiro. ¡Vaya un nombre poco apropiado para un perro!

—¿Conocías a los hombres? —insiste Duncan.

—No, no los he visto nunca. Vinieron y me quitaron a Ramiro. Yo fui detrás de ellos para que me lo dieran. Ellos lo ataron allí y me dijeron: «Llama a los chicos que van en esa barca y diles que vengan a desatar al perro». Y yo fui y os llamé...

De pronto vemos clara toda la maniobra. Al fin hemos caído en la trampa. Casi me quedo tranquila al darme cuenta de que lo que tenía que pasar ya ha sucedido. ¡Los de la M.U.R.G.A. han conseguido que abandonásemos la barcaza!

Marco y Duncan me miran y me doy cuenta de que están pensando lo mismo que yo. Los dos echan a correr otra vez hacia la orilla y yo no tengo más remedio que seguirles arrastrando a Eli.

La chalana no está donde la hemos dejado amarrada. La vemos deslizarse agua abajo. No parece que nadie viaje en ella.

Nos quedamos en la ribera viéndola ir y sin saber qué hacer. Nos miramos en silencio.

—Quiero comer; tengo hambre —Elizabeth no pierde el apetito pase lo que pase. Metida en todo este jaleo de carreras de un lado a otro y aun viéndonos preocupados por haber perdido la chalana ella no olvida su obsesión por la comida. Le preveo un futuro de gorda sin remedio.

—Quiero galletas y chocolate, y limonada: un vaso grande —puntualiza.

—Sí, rica sí, tú pide. Ya veremos cuándo vuelves a comer.

Cambiamos impresiones. Marco cree que estamos más lejos de la Base que de Las Glicinas y que es mejor que continuemos hacia casa de la madre de Roger. Duncan opina que debemos retroceder:

—Vamos a buscar la carretera. Haremos auto-stop y alguien nos llevará hasta la B.E.N.

—El plan primitivo era que nos encontrásemos en casa de la señora Malvina a última hora —nos recuerda Marco—. Roger irá allí a encontrarnos, ¿no? Yo creo que lo mejor es tratar de seguir el plan previsto.

Estoy de acuerdo con lo que propone Marco y Dun acaba por aceptarlo también.

—Tenemos que llevar el osito a casa de la madre de Roger. Acuérdate de que habíamos pensado esconderlo allí —digo en apoyo de nuestro plan.

—Tienes razón, Pi. Con tantos planes, contraplanes y subplanes ya no sé bien lo que tenemos que hacer. Vamos, andando pequeñaja —toma de la mano a Eli y empieza a caminar por la veredita del río. La senda es estrecha y es preciso ir de uno en uno. Vamos descalzos y no podemos andar por el borde del caminillo que está lleno de hierbajos y raíces. El centro está más liso. Eli tampoco puede andar por el borde, aunque va calzada, porque tropieza a cada paso. Duncan se cansa de tener que ayudarla y se decide a montársela a caballo sobre los hombros. Ahora sí que lo pasa en grande la niña:

—Mira Pi, soy más alta que tú. Alcanzo las ramas de

los árboles —echa las dos manos hacia lo lato para agarrar unas hojas que le han rozado la cara.

Tengo que dar un salto para atrapar al osito que ha salido volando; Eli lo ha tirado porque ahora le interesa, sobre todo lo demás, este nuevo deporte de cazar hojas.

Yo cargo con el osito. Miro la costura cosida y recosida que le he hecho. ¡Si los de la M.U.R.G.A. y los de la B.E.N. supieran lo que hay aquí...!

Caminamos en fila india. Delante va Duncan con la niña, después marcho yo con Piki, detrás de mí oigo los pasos firmes de Marco. Me da seguridad sentirme la espalda protegida por él.

Formamos una caravana de lo más extraño; los chicos van en traje de baño y yo sólo llevo el jersey puesto encima del mío. Claro que a lo mejor los que nos vean suponen que somos tres cariñosos hermanos mayores paseando a la pequeña. De momento no hay problema porque no nos encontramos con nadie.

—¿Qué hora es, Pi? —me pregunta Dun.

—Casi las cinco.

El sol está ya bastante bajo; de vez en cuando le veo brillar frente a nosotros por entre las ramas de los árboles. Seguimos avanzando. Nos mantenemos tan cerca del río como nos lo permiten los matorrales que crecen al borde del agua.

Elizabeth va haciendo flexiones y dando brincos sobre los hombros de Dun.

—Oye, renacuajo —protesta mi hermano—, estate quieta que me vas a romper el cuello.

Marco se ofrece para relevarle y hacen el cambio. Eli está tan divertida que hasta se olvida de que tiene hambre. Yo también empiezo a sentir un agujero en el estómago y me figuro que los chicos sentirán lo mismo. ¡No hemos comido nada desde el desayuno!

Habremos andado como dos kilómetros, más o menos. El río hace aquí un recodo. Marco, que va delante, se detiene y nos señala con la mano:

—Mirad, ¡la chalana!

Está embarrancada en el fondo del remanso. Durante un rato la examinamos con recelo. Parece completamente abandonada. En la orilla no se oye ningún ruido sospechoso. Sólo el canto de los pájaros y el rumor de las hojas.

Elizabeth se pone muy contenta en cuanto ve la embarcación:

—¡Es nuestra casita del agua! Vamos a montarnos otra vez.

Nos acercamos a la chalana despacio y con precauciones. ¿Habrá alguien esperándonos dentro? Dudamos entre volver a utilizarla o seguir el camino hacia Las Glicinas a pie, pero la niña es una carga demasiado pesada y los chicos empiezan a estar cansados de llevarla.

Duncan se decide y salta a la cubierta. No hay nadie dentro de la cabina. Marco, Elizabeth y yo pasamos a bordo también. Nuestras ropas están desparramadas sobre la cubierta. Han debido hacer un registro a fondo porque veo los bolsillos de mis pantalones vueltos hacia fuera. ¡Si llegamos a dejar el osito aquí! Seguro que lo hubiesen destripado.

Empujamos la chalana hasta el centro de la corriente y reanudamos nuestro viaje río abajo. Llevamos bastante retraso sobre el horario previsto.

Nos ponemos toda nuestra ropa encima de los trajes de baño. El mío está seco, pero los chicos tienen los suyos todavía húmedos.

No se ve a nadie en las orillas, pero me siento vigilada y acechada como si me estuvieran mirando desde detrás de cada árbol y por entre las ramas de todos los arbustos.

Son las cinco y media. La chalana avanza con desesperante lentitud. Empieza a hacer fresco y veo a los chicos encogerse dentro de sus jerseys.

—Os vais a enfriar por no haberos quitado la ropa mojada.

—Ya estamos casi secos —me dice Marco—, pero sí que noto frío.

Y se pone de pie para hacer unas flexiones rápidas. También a Eli se le empieza a quedar la naricilla fría. Nos sentamos los cuatro en la proa con las espaldas apoyadas contra la cabina. Ponemos a la niña entre Marco y yo para protegerla mejor del frío.

Paso mi mano por debajo del brazo de Dun; me mira y se ríe haciéndome un guiño. Es bueno estar así juntos y callados y saber que pase lo que pase contamos el uno con el otro. No quiero que Marco se sienta extraño y alejado. Ayer todavía no le conocíamos, pero ha resultado un magnífico compañero. Se ha adjudicado, a partes iguales con nosotros, la responsabilidad de esta aventura y el cuidado de Elizabeth aunque la niña es para él una extraña.

Paso mi brazo por detrás de Eli y pongo mi mano sobre la manga del jersey gordo que viste Marco.

—Nos alegramos mucho de que estés con nosotros en esta aventura, ¿verdad, Dun? —le aseguro.

Dun suelta un gruñidito de asentimiento. Marco le lanza una rápida mirada y pone su mano sobre la mía. No dice nada, pero yo ya he aprendido junto a Dun que los chicos se quedan mudos en cuanto algo les preocupa o les emociona; y estos dos que van conmigo están ahora preocupados y emocionados.

Seguimos un rato quietos y en silencio viendo cómo el agua se abre a nuestro paso y se desliza por los lados de la chalana.

No se ve a nadie en las orillas y eso que pasamos cerca de campos labrados. Lo comento en voz alta y Marco me hace recordar que es sábado por la tarde: la gente estará de compras o divirtiéndose.

De pronto siento el brazo de Duncan tensarse sobre

el mío. Casi simultáneamente la mano de Marco nos señala:

—Mirad, la línea de alta tensión.

Nos incorporamos. Ha llegado el momento de ir hacia la orilla para atracar en el embarcadero de Las Glicinas. Ya se ve la torreta del transformador. Duncan empuña la pértiga para empujar la chalana, pero el río es demasiado profundo en esta parte y el palo no llega al fondo.

Marco se saca el jersey y yo me quito la ropa que llevo encima del traje de baño:

—Yo me tiro al agua, Marco. Tú estás helado y yo no tengo frío.

—Tendremos que tirarnos los dos, Tres Catorce —me dice—. Tú, Duncan, sujeta bien a Eli y me la pasas en cuanto nos arrimemos al embarcadero.

Nos dejamos caer a los costados de la chalana. Marco tira de la cuerda de amarrar y yo empujo por detrás. En cuanto conseguimos que la chalana se desvíe hacia la orilla, me adelanto hasta el embarcadero y me agarro a uno de los pilares de madera que lo sujetan. Desde allí tiendo una mano a Marco para tirar de él.

La maniobra nos ha salido perfecta. La chalana ha quedado paralela al embarcadero, que es una simple plataforma de tablas sostenida por seis troncos clavados en el fondo del río. Marco trepa hasta el embarcadero y amarra la cuerda a algún sitio que no veo desde el agua. Buceo por debajo del embarcadero para subir a la chalana por la parte de detrás, que resulta más accesible.

Cuando salgo por el otro lado Duncan le está pasando

la niña a Marco, éste la toma con mucho cuidado para no mojarla. Mi hermano vuelve otra vez a bordo.

—Voy a recoger la ropa de Marco para que pueda vestirse, está tiritando de frío —me explica.

Yo también tengo frío. Subo a bordo y me meto en la cabina:

—Me voy a quitar el traje de baño en un momento. Enseguida estoy con vosotros, Dun.

Le veo desaparecer en las sombras hacia la casa. No me había dado cuenta de que se ha hecho casi de noche. Dentro de la cabina no se ve nada. Busco a tientas mi pantalón y mi jersey y en cuanto los localizo empiezo a bajarme el tirante del traje de baño.

Oigo jaleo y voces por el lado de la casa. La voz de Marco se alza clara:

—¡Escapa, Tres Catorce! ¡Nos han cogido, sálvate!

Entiendo sus últimas palabras más por intuición que porque él las pronuncie bien. Alguien ha debido taparle la boca. Cojo al osito y me dejo caer silenciosamente por la parte trasera de la chalana. Unos pasos atropellados que se acercan hacia mí me hacen tomar una determinación desesperada y que sé que es inútil de antemano. Sólo he tenido tiempo de nadar hasta debajo del embarcadero.

Me agarro a uno de los pilares de madera. Antes, cuando pasé por debajo, pude comprobar que existe una pequeña distancia entre el nivel del agua y las tablas. Apenas puedo sacar la cabeza del agua más que hasta la barbilla, pero es suficiente para respirar. Suenan carre-

ras sobre mí y siento retemblar las maderas. Me mantengo completamente quieta. Los hombres me buscan por el río y alrededor de la chalana. No se les ocurre que pueda estar justamente debajo de ellos. La verdad es que yo también he dudado que hubiera suficiente espacio entre las tablas y el agua, pero lo hay.

Los hombres hablan justo encima de mi cabeza:

—¿Le ves?

—No, ¿dónde se habrá podido meter? Hay que cazar a ese chico.

—No ha podido ir muy lejos. Voy a buscar la linterna. No te muevas de aquí.

Unos pasos se alejan en dirección a la casa. Tengo que hacer algo. No voy a esperar a que me cacen. Me decido a dejarme ir buceando para tratar de escapar por la otra orilla.

Y entonces me doy cuenta de que tengo el osito en la mano y de que, inconscientemente, lo he mantenido todo el tiempo de forma que no se ha mojado en absoluto. Junto a mi frente dos tablones se cruzan yendo de pilar a pilar para reforzar la sujección del embarcadero. Encajo al osito allí, ya vendré a buscarlo cuando pueda, tomo aliento largo y me sumerjo.

Me apoyo en el poste para darme un fuerte impulso y me dejo arrastrar por la corriente. Salgo cuando ya no puedo resistir más, respiro y vuelvo a bucear. No podré resistir mucho tiempo más bajo el agua: me estoy quedando congelada.

Cuando salgo a la superficie de nuevo ya estoy lejos del embarcadero y como en el centro del río. Me arriesgo a nadar despacio entre dos aguas. Enfilo directamente hacia la otra orilla. Tengo que salir pronto del agua. Estoy rígida de frío y temo que me va a dar un calambre en cualquier momento.

Pienso en mi ropa seca que ha quedado sobre la cubierta de chalana. ¡Querido jersey azul, gordo y caliente, qué falta me estás haciendo!

No puedo ni soñar en volver por ahora a la chalana. Toco fondo ya y me pongo de pie sobre el fango de la orilla. Es de noche completamente. Empiezo a trepar agarrándome a los hierbajos que crecen al borde del agua. Hay que ver cómo cambian las cosas cuando falta la luz, ahora me da asco tocar las ramas de estos matorrales porque están frías y viscosas.

Creo que no hay peligro de que me vea nadie; mi traje de baño es rojo y yo sé que no hay nada tan oscuro como el rojo cuando no hay luz de día.

En cuanto llego a la parte alta de la ribera miro hacia Las Glicinas. No veo ninguna luz. Los árboles deben tapar la casa del todo. ¿Quiénes serán los que han aprisionado a los chicos? ¿Qué les harán?

Me hago reflexiones a mí misma: Nadie va a hacerles ningún daño; no hemos hecho nada malo contra los de la M.U.R.G.A. Además, la policía nos ha seguido muy de cerca y no va a abandonar a los chicos ahora.

¿Para qué habré dejado el osito debajo del embarcadero? Soy una estúpida. He debido hundirlo en el agua y hacerlo desaparecer. Eso era lo que habíamos convenido: disolver la muestra si había el menor asomo de peligro. No sé, a última hora me ha dado pena deshacerme de la muestra que hemos conseguido y conservado con tanta dificultad.

Bueno, ya no tiene remedio; espero que no lo vean en el caso de que se les ocurra buscar por debajo de las tablas, que no es probable.

Me castañetean los dientes de frío. Miro a mi alrededor y veo un poco detrás de mí las luces de una casa. Sé que son de una casa porque distingo tres rectángulos de luz seguidos destacándose en la oscuridad.

Voy hacia allá sin saber bien a qué voy. No tengo ninguna idea clara, sólo pienso que en la casa debe de haber luz y calor.

Ando despacio, voy descalza y no veo el camino, así es que debo tantear con el pie. Tengo tanto frío que cualquier roce con unas matas o el pisar una piedrecilla me produce un dolor agudo que me haría gritar, si no estuviera tan asustada.

Cuando llego cerca de la casa me paro porque tengo miedo de que algún perro me salga al encuentro o se ponga a ladrar al advertir mi presencia. Nada se mueve. Escucho atentamente y acabo por identificar un lejano rumor de voces.

Empiezo a dar la vuelta a la casa manteniéndome a una prudente distancia de la edificación. Frente a las ventanas iluminadas hay un jardinillo. Me oculto detrás de unos rosales, adivino que son rosales porque me he pinchado al tocar una rama, y miro a través de los cristales.

Dentro de la habitación veo a una mujer y a una chica; las dos miran en la misma dirección y parecen escuchar atentamente. ¿Me habrán oído? Distingo una musiquilla que conozco: es la sintonía de un programa del sábado. ¡Están viendo la «tele»!

Es muy probable que toda la familia esté congregada en ese cuarto de estar. Sigo dando la vuelta a la casa y encuentro ¡unas cuerdas con ropa tendida!

Me acerco y la toco; está completamente seca. Elijo una falda y una blusa, más bien camisa, de franela gorda, y unas prendas de ropa interior. Esto no es robar, me digo, es tomar algo prestado en un caso de necesidad extrema. Mañana mismo vendré a devolvérselo y les explicaré... ¡no, no les explicaré nada porque no podré contarles todo el lío en que estoy metida!, pero me las arreglaré de alguna manera para devolverles todo esto y disculparme por haberlo hecho.

Pienso que mi vestido femenino va a despistar a los que en el otro lado del río me persiguieron creyendo que yo era un chico. Y esta idea me consuela un poco mientras empiezo a bajar hacia el agua; tengo que volver a Las Glicinas para estar allí cuando llegue Roger. ¿Habrá llegado ya? ¿Qué entenderá Roger por «última hora»? Luego dicen que las mujeres hablamos con poca precisión.

Siento escalofríos sólo de pensar en echarme al agua otra vez, pero no tengo más remedio que hacerlo. ¿No quiero ser campeona juvenil?, pues esto me servirá de entrenamiento. Claro que a lo mejor para lo que de verdad me sirve es para atrapar una pulmonía. ¡Y abuelita que quería que mañana tuviéramos buena cara...!

7

¡OTRA VEZ AL AGUA!

TENGO que pasar la ropa al otro lado sin que se moje. Me acerco otra vez a la cuerda y descuelgo un trozo de tela cuadrado, que me parece un pañuelo de cabeza y que luego al tacto reconozco como un paño de cocina. Hago un hatillo con la falda y todo lo demás dentro del paño y me lo sujeto a la cabeza con el cinturón de mi traje de baño.

Estoy tan helada que al entrar en el río el agua ya ni me parece fría. Me las arreglo para nadar hasta el otro lado dejando que la corriente me arrastre para no llegar a la orilla demasiado cerca del embarcadero.

Trepo por la ribera y al agarrarme a unas plantas me sorprende un olor muy agradable: es menta. Arranco un puñado de hojas y un poco más arriba me desnudo, después me froto todo el cuerpo con las hierbas para ver si consigo reaccionar. Me visto; la falda me está larguísima y en la camisa cabríamos a gusto tres Pinayaras. Debo de tener un aspecto lamentable.

Echo a andar por la veredita del río. Empiezo a preparar respuestas por si alguien me pregunta de dónde

vengo o a dónde voy. Al fin decido que no voy a contestar a nadie; después de todo yo no estoy haciendo nada malo, excepto ir vestida con ropas que no me pertenecen, claro. Si me detuvieran por ladrona...

Llego hasta el embarcadero. No he encontrado a nadie y esto también parece desierto. Observo el lugar desde detrás de un árbol gordo y luego me atrevo ya a entrar en el embarcadero y salto a la cubierta de la chalana que sigue allí amarrada. Rebusco en la oscuridad hasta encontrar mis zapatos y me calzo. ¡Sólo después de horas de destrozarse los pies por caminos desconocidos se saben apreciar unos deliciosos zapatos viejos!

No parece haber nadie por estos alrededores así es que me voy envalentonando. Salgo al embarcadero y me tumbo boca abajo junto al borde para ver si puedo localizar el osito.

—Chica, ¿qué estás haciendo? ¡Lárgate de ahí!

Me llevo tal susto que creo que me voy a quedar pegada a las tablas para siempre. Es una voz de hombre la que me ha hablado y el tono es autoritario y enérgico. Me quedo quieta porque no puedo reunir el coraje suficiente para moverme. El hombre repite:

—¿No me has oído? ¡Largo de ahí!

Lo dice de un modo tajante, pero en voz baja como si no quisiera que le oyesen. Al fin consigo levantarme y explico, en voz baja también:

—Sólo quería beber agua...

No es cierto, pero es la única explicación que se me ocurre. Echo a andar a buen paso por el camino que lleva del embarcadero a la casa; por aquí han pasado hace un rato los chicos y Eli.

Enseguida veo delante de mí una sombra grande que debe de ser Las Glicinas. Al principio no distingo el menor rastro de luz; luego, me parece adivinar una débil claridad que sale de algunos lados sobre la fachada. Me imagino que hay luces encendidas dentro y que han cerrado maderas y cortinas para que no se vea desde fuera.

¿Quién habrá dentro? ¿Estarán los chicos encerrados todavía ahí o se los habrán llevado a otra parte? ¿Estarán Roger y los otros esperándome? Me acerco a la casa y trato de mirar por la rendija de una ventana, pero me queda demasiado alta.

Subo las tres escaleritas y llamo a la puerta principal. Tardan mucho en abrirme. ¿Se habrán ido ya? Por fin se abre una mirilla en la puerta.

—¿Quién es? —pregunta una voz de hombre.

—Soy yo —contesto con unas ganas terribles de echar a correr, pero me domino porque tengo que tratar de averiguar quién hay en la casa y qué ha pasado con los chicos.

—¿Qué quieres? —vuelve a preguntar la voz malhumorada.

La mirilla se ha abierto del todo y la luz que sale de la casa me ilumina y me hace parpadear. El hombre me examina, sus ojos ven de la punta de mis zapatos hasta el trapo de cocina que he atado a mi cabeza, como si fuera un pañuelo, para calentarme las orejas. Me alegro de tener esta facha, aunque este hombre me haya visto antes seguro que no me reconoce ahora.

—Tengo hambre, deme algo de comer, por favor —pido en tono lastimero; y es verdad que me muero de hambre. El tono lastimero me ha salido espontáneamente y sin que yo lo haya intentado siquiera.

—¡Fuera, lárgate de aquí ahora mismo! ¡Vete deprisa si no quieres que salga y...!

Me voy a toda prisa. No por el lado del embarcadero porque allí está «el otro» sino hacia el lado que yo creo que conduce a la salida del jardín, quizá a la carretera.

Me tiemblan las piernas y las faldas, tan largas, me estorban para caminar. Voy dando tropezones en las matas y en las piedras. No soy capaz ni de andar siquiera en línea recta. Mi pie derecho se engancha en algo y me voy al suelo de bruces.

Temo que voy a oír alguna voz de hombre que me grite en tono amenazador que me largue y desaparezca, pero no oigo nada a mi alrededor. Cuando me decido a volverme para mirar hacia la casa veo la puerta cerrada y la mirilla también.

Nadie parece haberse dado cuenta de que me he detenido y en vista de ello me quedo acurrucada contra el tronco de un árbol. Escucho con ansiedad para sorprender cualquier ruido sospechoso que se produzca.

Al principio no oigo más que el zumbido de mis propios oídos. Luego, cuando se me empieza a pasar un poco el susto del encuentro con esos hombres y la sorpresa de la caída, empiezo a distinguir el susurro de las hojas de los árboles y el canto de los sapos.

En lo alto del árbol, sobre mi cabeza, los pájaros rebullen y pían bajito. Seguramente están buscando acomodo para pasar la noche y se pelean por conseguir los refugios más abrigaditos junto al tronco.

Me distraigo pensando en esto, y hasta llego a calcular la posibilidad de que me caiga en la cabeza algún producto desagradable, cuando el corazón vuelve a darme un salto.

Siento pasos, alguien se acerca a la casa. Todavía no puedo calcular a qué distancia de mí está el que anda, aunque sí puedo precisar que se acerca por mi derecha.

¡Ras, ras, ras...! hacen los pies pisando sobre las hojas secas. Me encojo todo lo que puedo y contengo la respiración. Estoy tan tensa que estoy segura de que si me muevo me crujirán las articulaciones.

Por un segundo pienso en levantarme y echar a correr, pero decido que es mejor seguir clavada en mi rincón. Quizá así pueda pasar inadvertida.

Los pasos se acercan despacio, suenan sólidos y pesados, aunque parecen moverse con cautela. Imagino que es un hombre grande el que se acerca.

¿Será Roger que viene a buscarnos? Ojalá lo fuera. Estoy deseando que termine esta aventura y verme en casa entre caras conocidas.

El hombre pasa a dos metros escasos de mí. No es Roger, él no tendría que acercarse a casa de su madre tanteando el terreno, como si no lo conociera.

Enseguida salgo de dudas. El hombre misterioso se acerca a la casa y trata de mirar por una ventana. Va luego a esconderse detrás de un árbol y lanza un silbido extraño. Espera durante unos segundos y repite la llamada.

Se entreabre el ventanillo, como antes, y cuando el hombre repite el silbido por tercera vez, otro hombre sale de la casa y viene a encontrarse con el primero.

Están cerquísima de mí y oigo muy bien su conversación aunque hablan muy bajo:

—¿Tenéis a los chicos?

—Sí, los tenemos encerrados ahí dentro con la mujer.

—¿Dónde habéis puesto el muñeco?

—No había ningún muñeco.

—Tenía que haberlo, la niña fue hacia el embarcadero con él.

—No estaba en la barcaza cuando la registramos, ni tampoco lo traía la niña cuando la atrapamos al llegar.

—La chica mayor lo habrá escondido en alguna parte. Hay que hacerla hablar.

—¿Qué hablas de una chica mayor? En la barcaza sólo iban tres chicos y la niña. Uno de los chicos se escapó por el río antes de que pudiéramos cazarle.

—¡Imbéciles, imbéciles! Esto lo vais a pagar caro... El que se ha escapado no es un chico, es una chica y ella es la que ha organizado toda la maniobra. ¡Hay que encontrarla!

El otro hombre no dice nada, pero imagino que está pensando en que he estado a la puerta de la casa hace unos minutos y me ha echado con cajas destempladas. Me duelen los ojos, de tanto mirar en la oscuridad, y los oídos, de escuchar con tanta atención. Respiro con dificultad de tan despacio y en silencio como quiero hacerlo.

El hombre que acaba de llegar tiene que ser, forzosamente, el espía de la M.U.R.G.A. que trabaja dentro de la Base. Y tiene que ser también el mismo hombre que recogió el bote en el que Eli metió la mano. No recuerdo su cara ni aunque la recordase podría reconocerle en esta oscuridad, pero sus palabras le han delatado: sólo aquel hombre del mono blanco que vio las huellas de los dedos de la niña en el polvo blanco y que luego nos vio sentadas en el banco y trabajando en la pata de Piki puede sospechar dónde tenemos escondido la muestra de compuesto.

En cuanto vea a Roger le explicaré por qué estoy segura de que este hombre es el espía; claro que para eso tendré que hablarle también del inocente robo de Eli. Entregaré el osito y se acabó la aventura. Que el abuelo y sus ayudantes se las arreglen como puedan para enviarle una muestra a Yuri Sako.

—Ve hasta la barcaza y busca el muñeco, hay que encontrarlo. No, mejor vuelve a la casa. Yo iré al embarcadero —dice el que acaba de llegar y desaparece por el caminito que va al río.

¡Que no lo encuentre! ¡Que no se le ocurra mirar debajo de las tablas del embarcadero! ¡Y que llegue Roger de una vez...!

Casi no tengo tiempo de acabar de concretar estos

deseos. El silencio espectante que me rodeaba se ha convertido, de repente, en un tremendo jaleo de carreras, voces y agitación.

Hacia el embarcadero se oye ruido, pasos desiguales y luego un choque violento. Alguien ha caído al suelo. Supongo que el hombre que me asustó hace unos minutos en el embarcadero debía ser un policía que ha detenido ahora al traidor de la Base. ¡Ojalá sea como lo imagino!

De no sé dónde, detrás de mí, han surgido otros dos hombres que me dejan atrás en su carrera hacia la casa. ¿Serán policías o miembros de la M.U.R.G.A.?

Del camino que viene de la carretera surgen tres hombres más. Uno de ellos se adelanta, saca una llave de su bolsillo y abre la puerta principal de Las Glicinas. Los tres entran en la casa.

Estoy casi segura de que es Roger el que ha abierto la puerta, pero por si acaso me equivoco me quedo quieta en mi sitio. Un hombre ha quedado de guardia a la entrada de la casa. Otro está apostado en la esquina. Dos más llegan del embarcadero y traen con ellos al espía de la B.E.N. ¿Habrá hablado este hombre a los policías de lo que hay escondido en la pata de Piki? Supongo que no.

Oido diálogos confusos dentro de la casa. Enseguida la voz de Marco pregunta apremiante:

—¿Dónde está Pinayara?

¡Marco buen amigo y camarada!

Estoy convencida de que ya ha pasado toda clase de

peligro, de que puedo dejar mi refugio y salir, pero estoy entumecida después de tanto rato de tensa inmovilidad y no puedo incorporarme con rapidez. Además, me gusta gozar de este momento y prolongarlo al máximo.

Todos preguntan por mí. Marco y Duncan gritan mi nombre una y otra vez:

—¡Pinayara, Pinayara!

Me gusta que Marco haya olvidado, por fin, el dichoso Tres Catorce.

Uno de los policías les tranquiliza:

—Estaba allí, detrás de aquellas matas hace un momento.

Este debe ser uno de los hombres que han surgido a mi espalda en el momento del revuelo.

Me incorporo y avanzo hacia el grupo. Todos se lanzan en mi dirección. Duncan me estruja:

—¡Qué pinta tienes, Pi, pareces una gitana!

También Marco me abraza:

—¡Eres una chica valiente! ¿Qué has hecho con el osito? —me pregunta al oído.

Le contesto casi en un susurro:

—Lo escondí debajo del embarcadero. No lo han encontrado.

Me presentan a la señora Malvina, está bastante más tranquila de lo que yo esperaba.

—Encantada de conocerte, hijita. Espero que la próxima vez que vengas a mi casa podré hacerte un recibimiento menos accidentado.

Me parece una persona agradabilísima.

Todavía me queda saludar a Roger, que sale con Eli en brazos. La pobre se ha quedado dormida.

La señora Malvina se lamenta:

—La pobre niña ha llorado porque tenía hambre. Esos bandidos no me han dejado darle nada de comer. Son unos bárbaros. Pensar que en mi propia casa han hecho pasar hambre a una criatura... A pan y agua los tendría yo una semana para que aprendieran a tratar a los niños con más cuidado.

Roger se ríe y nosotros también. Ahora que ya no tengo miedo cualquier cosa me da risa.

Los policías han desaparecido llevándose con ellos a los dos hombres que secuestraron a los chicos y al espía de la B.E.N.

—Tengo el coche en la carretera, venid hacia allá —nos dice Roger—. Voy a dejar a Elizabeth y vuelvo a buscar tu maleta, madre.

—Yo me encargaré de la maleta —ofrece Dun y entra con la madre de Roger en la casa.

Le propongo a Marco:

—¿Vamos tú y yo a recuperar el osito? Me da miedo dejarlo ahí. Esto estaba lleno de hombres y alguno ha podido localizarlo. Quizá ya ni lo encontremos.

—Vamos.

—¿Dónde vais? —nos pregunta Duncan que sale ya cargado con la maleta.

—A recoger el osito de Eli —le contesto.

—Dejad el osito en paz; ya vendremos a buscarlo mañana —nos dice Roger un poco fastidiado.

Esto quiere decir que no tiene ni idea de lo que hay en la pata de Piki.

—Si Eli se despierta y no encuentra su muñeco es capaz de llorar durante horas —expone Marco.

—Bueno, id pero volved enseguida. Es tardísimo.

Marco y yo marchamos hacia el embarcadero. Camino delante de él.

A nuestra espalda oímos un comentario de la madre de Roger:

—¡Qué detalle tan cariñoso el de estos dos chicos queriendo evitarle a la niña un mal rato!

¡Si supiera la señora Malvina que no vamos a buscar a Piki por lo que ella supone!

Me vuelvo a sentir a gusto pensando que Marco me

guarda la espalda. He pasado tanto miedo andando yo sola por todos estos sitios... Y me encanta pensar que soy yo la que dirijo esta pequeña expedición.

Me tumbo sobre las tablas, pero no alcanzo el lugar en que está el osito. Marco me sustituye y tengo que sujetarle por los tobillos para que no se vaya de cabeza al agua. Al cabo de unos momentos de tanteos infructuosos logra encontrarlo y rescatarlo.

Suspiro aliviada y corremos hasta el coche que ya está en marcha. Duncan nos lanza una mirada de complicidad cuando nos ve aparecer con el osito.

—¡Dichoso bicho, la tabarra que nos ha dado! —comenta.

Marco pone su mano en mi hombro:

—Tres Catorce, eres un magnífico agente secreto.

Yo también estoy contenta ahora. Todo está saliendo bien.

Roger nos apremia a media voz para no despertar a Eli:

—Vamos, subid.

Los dos chicos entran delante con él. Yo me acomodo detrás con la señora Malvina. Entre ella y yo Eli duerme como una bendita.

El coche arranca suavemente y emprendemos el camino hacia la Base. Durante el recorrido nos contamos unos a otros de un modo atropellado las aventuras que hemos recorrido por separado.

Los chicos tienen poco que contar. Los dos hombres que había en la casa se les echaron encima en cuanto desembarcaron y avanzaron un poco por el camino.

La señora Malvina nos cuenta cómo por la mañana llegaron dos policías de la B.E.N. con una nota escrita por Roger pidiéndole que les dejase actuar libremente en la casa. Los dos policías habían estado todo el tiempo escondidos en la cueva y esperando el momento de intervenir.

Hacia las cinco de la tarde llegaron los otros tipos. Dijeron que venían a inspeccionar la instalación eléctrica y cuando la señora Malvina les franqueó la entrada, le dieron un empujón para meterla rápidamente dentro de la casa y la encerraron en la despensa.

—Ni siquiera una silla me dieron para sentarme. He tenido que utilizar como asiento un cajón de botes de tomate. Son unos groseros los gansters esos.

Parece que lo que más le indigna de toda esta aventura son los malos modos sociales de los agentes de la M.U.R.G.A. Continúa:

—Cuando atraparon a los chicos y a la niña quisieron meterlos en la despensa conmigo, pero como no cabíamos todos nos encerraron en mi habitación.

—¡Con lo que le hubiera gustado a Eli estar encerrada en la despensa! —comenta Duncan—. ¿Os imagináis el festín que se hubiera dado?

Roger conduce atento a la carretera y no parece prestar atención a lo que nosotros hablamos. Quiero saber qué es exactamente lo que se sabe en la Base de nuestra aventura para preparar mi explicación al abuelo. Le pregunto:

—Oye. Roger, ¿envió el espía algún mensaje cuando nosotros salimos?

—Sí, antes de que os perdiérais de vista río abajo ya estaba nuestro hombre operando en su estación de radio. Captamos el mensaje entero. No fue difícil porque ya sabíamos la longitud en que emitía y estábamos casi seguros de que anunciaría vuestra salida. Hemos localizado el lugar en que tenía instalada la emisora: un hueco sobre el tejadillo del cobertizo de las herramientas.

—¿Qué decía el mensaje?

—Decía: «Detened a los chicos que van en la chalana. El muñeco es importante, ¡cuidado!». Nos imaginamos que se refería a la pobre Eli, claro.

Veo que los chicos se vuelven hacia mí. Éste sería el momento de que empezásemos una explicación, pero nos quedamos callados. Estamos tan cansados que cada uno espera que sea otro el que empiece.

Roger continúa detallando cómo se preparó toda la operación de rodear la casa en espera de la llegada del espía:

—Estábamos seguros de que vendría a recoger la muestra que creía que teníais. Se le dejó llegar hasta aquí para detener a todos los que entraban en la maniobra.

—¿También al que pescaba en el río? —pregunta Marco.

—También. Y a los que tendieron el cordón de nylon. El teniente Sar os contará detalles. Toda la maniobra ha sido muy hábil.

Sigue contando. Nos enteramos de que anoche, cuando llegamos nosotros, acababan de captar el primer mensaje del espía. El teniente Sar vino a comunicárselo al abuelo, pero Alex lo encontró antes de que entrase en casa y le pidió que no se lo contase a su padre que ya estaba bastante preocupado con sus trabajos científicos para complicarle, además, en aquellos problemas policíacos.

Roger, Alex y el teniente Sar se quedaron hablando hasta muy tarde y planearon todo. Esta mañana nos embarcaron, y nunca mejor empleada esta expresión, en la aventura de bajar por el río en la chalana.

8

VOLVEMOS A LA B.E.N.

HEMOS llegado a la Base. Se levanta la barrera delante de nosotros y me imagino que vamos a empezar la misma inspección de rutina que anoche.

Pongo el osito en el asiento, junto a Eli y espero. Estoy tan cansada que casi me da lo mismo que me pregunten qué llevo en la pata del osito o que lo dejen pasar sin darse cuenta de nada. Roger baja la ventanilla:

—Buenas noches. Somos nosotros, Traber. Viene conmigo mi madre, los tres nietos del doctor Rozarena y Marco, el hermano de Mary Dyan. Ya los conoce usted a todos. Mi madre se quedará en la B.E.N. todo el día de mañana. Viene a la boda de Mary y Alex.

Tengo la esperanza de que después de esta explicación tan detallada nos van a dejar pasar, pero me equivoco por completo. El agente Traber nos abre la portezuela del coche:

—¿Trae usted equipaje, señora Malvina?

Y nos bajamos todos y entramos en el puesto de control. Bueno, todos no, Elizabeth se queda en el coche y el osito también. Otro agente ha salido del puesto y va

hacia el coche mientras nos registran a nosotros. No sé lo que va a pasar y preparo una vez más, las explicaciones.

La señora Malvina entra en el cuarto de la mujer policía, que es distinta de la de ayer. El agente vacía la maleta de la madre de Roger sobre la mesa. Saca un paquete envuelto en papel de seda blanco y atado con un lazo rosa: toda la habitación se llena de un perfume fuerte, huele a lilas. Quita el lazo y desenvuelve el paquete con cuidado. Es un frasco de cristal blanco con la boca muy ancha y un tapón muy historiado. Lo abre y el perfume es ahora tan intenso que me voy hacia la puerta para respirar aire puro.

—¡Huf, qué olor! No se me va a quitar este olor a señorita en años —se lamenta el agente Traber—. ¿Qué es esto, señora? —le pregunta a la madre de Roger que sale ya del cuartito.

—Es mi regalo de boda para la novia. Sales de baño francesas. Tienen un olor muy delicado y persistente, dura todo el día. Yo las usaba cuando era joven.

El policía que había ido al coche está ahora en la puerta y se ríe mirando cómo el agente Traber se huele las manos con desconsuelo.

Y sin más nos dejan entrar en la B.E.N.

El secreto de la Pata de Oso está a salvo, pero la magnífica oportunidad que ha sido la habilidosa maniobra de Eli combinada con nuestra salida de la Base, no hemos sabido aprovecharla. La Operación Pata de Oso ha sido un fracaso.

Estamos llegando a casa de los abuelos.

¡Vaya un recibimiento? En el hall de entrada se amontonan los abuelos, Mary y tío Alex, el teniente Sar, el sargento Martin... Ya conocen los detalles de la aventura que hemos corrido, al menos los detalles que conoce el teniente Sar a través de los policías que nos han precedido.

El abuelo parece enfadado:

—Ha sido un plan insensato. Me quejaré al comandante de la Base. Han usado ustedes a los niños como cebo. Esto llegará a oídos del Presidente y va a pensar que tomamos a juego una cosa tan seria como es la defensa de la Base.

—Doctor, déjeme que le explique, por favor —se defiende el teniente Sar—. Era una ocasión única. A los niños no podía ocurrirles nada. Los hemos vigilado y protegido a lo largo de todo el recorrido. El resultado ha sido un éxito, hemos capturado a todo el grupo de la M.U.R.G.A. que operaba en este sector. Alex nos dijo que estaba seguro de que a usted no le parecería mal que sus nietos hiciesen esta excursión.

Siguen discutiendo. Ahora es tío Alex el que habla con el abuelo y también Roger interviene de vez en cuando. Estoy tan cansada que casi no puedo seguir el hilo de las conversaciones.

Me parece que, después de todo, el abuelo no está tan enfadado como quiere aparentar y que le satisface que hayamos sido útiles.

Abuelita se ocupa de otras cosas:

—Estáis cansados, ¿verdad? ¿Queréis cenar? ¡Qué pelos vas a tener mañana para la boda, Pinayara! ¿Te levantarás pronto para lavarte la cabeza? Y esta pobre pequeña, ¿qué vamos a hacer con ella? ¿La despertamos para que coma algo o la llevamos directamente a la cama?

Me es igual que haga una cosa u otra. Estoy rota de cansancio. Ya no siento ni hambre ni frío. Me despido de todos con un gesto y subo las escaleras camino de mi cuarto. Cuando llego al final del primer tramo de escalones, me vuelvo para echar una última ojeada a la reunión.

Duncan me llama desde abajo y me tira al pobre Piki, que ha sacado del coche. Ahora que lo veo a la luz de la lámpara me doy cuenta de que está el pobre hecho una porquería de haber rodado todo el día por los sitios más extraños. Con lo nuevecito que estaba anoche...

Tiro el osito en el fondo del armario de mi cuarto y procuro olvidarlo. Me desnudo de lo poco que llevo encima y me echo en la cama. Mañana será otro día... tendré que buscar el momento propicio de explicarle al abuelo...

Abuelita entra a poner a Eli en la otra cama. Luego me sube a mí un vaso de leche y me lo hace beber; me da un beso y sale cerrando la puerta detrás de ella. El rumor de conversaciones que sube de la planta baja se hace más lejano.

Temo que no voy a poder dormir porque tengo la cabeza llena de miles de preguntas y de cientos de cabos sin atar, pero mi insomnio no debe de durar mucho. Cuando quiero darme cuenta de si me he empezado a dormir o no, siento la mano de abuelita sobre mi hombro:

—Pinayara, niña, que son más de las diez y tienes que arreglarte ese pelo.

Han llegado mis padres y los padres de Eli. La casa está llena de voces alborotadas y de gente que sube y baja la escalera.

Mamá me hace contarle la aventura de ayer mientras me lavo y me seco el pelo. Luego me ayuda a vestirme y cuando ya estamos casi terminando y me empieza a colocar las flores de la cabeza, aparece Elizabeth hecha un primor de lazos y volantes:

—Dice abuelita que me miréis —nos transmite muy seria.

—Dile a abuelita que te hemos mirado y admirado —contesta mamá divertida remedando el tono serio de Eli.

La niña nos mira un poco desconcertada y como sospechando que nos burlamos de ella. Enseguida recobra su aplomo y puntualiza:

—No vale que sólo me mires, tienes que decir que estoy guapa.

—Estás preciosa, Elizabeth —le asegura mamá.

Y la niña sonríe al fin con suficiencia y dice con la mayor frescura:

—Ya lo sabía. Me lo han dicho antes mamá y abuelita —y da media vuelta y se encamina hacia la escalera.

Mamá se va con ella. Estoy segura de que tiene verdadera prisa por contarles a abuelita y a tía Natalia la escena que acaba de representarnos Eli.

Aprovecho que me quedo sola un momento para sacar el osito del armario y quitarle la pata que guarda el compuesto. No puedo irme a la capilla para la boda y dejar esto aquí; y no me puedo llevar todo el muñeco. No es nada fácil quitarle la pata a Piki porque está sujeta a la otra pata también. Un alambre gordo atraviesa toda la parte inferior del cuerpo. Consigo desengancharlo, aunque desgarro un poco la tela. Meto la pata que contiene el compuesto en la bolsita de plástico en que vienen los guantes blancos que me voy a poner. Así no se perderá ni un gramo del precioso polvito blanco.

En el cuarto de tío Alex se han reunido todos los hombres de la casa. Ya están todos vestidos para la ceremonia y se entretienen charlando: el abuelo, mi padre, Dun, tío Fred, tío Alex...

No quiero detenerme ante la puerta abierta, no vayan a pensar que yo, como Eli, me presento ante ellos para que me admiren. Llamo a Dun desde el pasillo y aguardo a que venga a mi encuentro:

—He metido aquí la muestra del compuesto. Toma, guárdala tú, yo no tengo bolsillos en este vestido. En cuanto podamos se la damos a Roger y que él la devuelva al laboratorio.

Dun mete la bolsita en el bolsillo de su pantalón. Le hace bastante bulto, aunque la aprieta todo lo que puede.

Como mamá o abuelita se den cuenta van a poner el grito en el cielo.

Salimos todos para la capilla. A la puerta veo a Marco y le cuento rápidamente lo que hemos hecho. No tengo tiempo de terminar porque llega Mary con sus padres y tenemos que colocarnos en nuestros sitios para hacer la entrada.

La novia está guapísima y también tío Alex tiene un aspecto magnífico, tan alto y tan moreno.

Dun y Marco, que están muy elegantes con sus trajes oscuros, tienen que trabajar de firme para acomodar a todos los invitados. No es que haya venido mucha gente de fuera, es que todos los empleados de la Base están aquí reunidos hoy.

Empieza a sonar la música del órgano y Eli se pone en marcha; la sigo y entramos en la capilla precediendo a la novia. Siento que me arde la cara: «Ayer pasé tantas horas al sol...», me digo, pero la verdad es que me da bastante apuro que haya tanta gente contemplándome.

Todo sale perfecto y Eli se porta extraordinariamente bien.

En el almuerzo nos sentamos juntos Marco, Dun y yo y llamamos a Roger para que sea el cuarto en nuestra mesa. Se lo contamos todo.

—¿Dónde está el osito? —es su primera reacción.

—En mi cuarto —le contesto—, pero la pata la tiene Dun en el bolsillo. No hemos querido separarnos de ella. El hombre del mono blanco sabe lo que hay dentro porque vio las huellas de la mano de Eli sobre el compuesto.

—No ha debido decir nada. Seguramente hay cosas que le preocupan mucho más que eso en estos momentos. Está claro que él era el espía que actuaba en la Base. La policía lo tendrá completamente aislado hasta que llegue el momento del juicio. Esta es una ocasión única para hacer llegar esa pata de oso a Yuri Sako.

—Pensar que anoche la tuvimos fuera de la Base y que la volvimos a traer... —se lamenta Dun.

—Qué pena que no me dijérais nada ayer cuando aún estábamos en casa de mi madre —nos reprocha Roger—. Hubiéramos tenido todo el día de hoy para actuar. Hasta que no se haga el análisis esta tarde nadie sabrá que la dosis de compuesto no se disolvió entera en el depósito.

—¿Qué va a pasar cuando se entere el abuelo? —pregunta Duncan.

—Lo mejor es darle la pata a él y se acabó. Desde ayer no vivo tranquila por culpa de esa dichosa muestra de compuesto hidropónico.

—Para hacer eso tenemos toda la tarde por delante —dice Roger—. Esperemos a la noche. Quizá se presente la oportunidad de hacer algo. De todas formas no es este el momento de hablar con vuestro abuelo.

Están empezando los brindis por los novios. Nos ponemos de pie y nos mezclamos con todos los invitados que rodean la mesa grande donde están Mary y tío Alex.

Pierdo de vista a Roger, pero al cabo de un rato le

localizo hablando con tío Alex ¿le estará contando algo? No lo creo; están rodeados de gente y hablan de un modo muy animado. Cada uno de ellos tiene una copa de champán en la mano.

Luego los novios se van para cambiarse de ropa y todos nosotros bajamos dando un paseo hasta la entrada de la Base para despedirles.

Nos reunimos ante el puesto de control. Mary y Alex llegan en uno de los coches de la B.E.N. conducido por el agente que ayer estaba aquí cuando llegamos de vuelta de nuestra aventura.

Hay otro coche fuera, al otro lado de la barrera. Supongo que es en ése en el que van a ir al aeropuerto. Dentro de una hora van a tomar el avión. Las maletas han pasado ya la inspección y un agente las saca al coche. Mary y Alex entran en el puesto para que los registren: cuando salen, se despiden de nosotros y se montan en el coche. Desde la barrera de la entrada les decimos adiós:

—¡Que tengáis buen viaje!

—¡Y que os acordéis de nosotros cuando os bañéis en el Mediterráneo! —les pide Duncan.

Mary, que ya está dentro del coche, se asoma por la ventanilla para decir:

—¡En el baño, me he dejado en el baño las sales que me regaló la señora Malvina! ¡Pare! —le dice al agente que ya arrancaba el coche—, esperéme, por favor. Tengo que ir a buscarlas, no me quiero ir sin ellas.

Tío Alex le advierte:

—Vamos a perder el avión; tenemos el tiempo muy justo. Las sales te pueden esperar aquí hasta que volvamos.

—De ninguna manera, quiero llevarlas conmigo.

El agente que les ha traído se ofrece:

—Vayan ustedes delante para que les reciban el equipaje en el aeropuerto. Yo iré detrás con las sales.

Mary saca las llaves de su apartamento y se las da a Duncan que se ha adelantado a recibirlas. Mi hermano sube al coche y el agente que lo conduce sale a toda velocidad en dirección a los apartamentos. En unos minutos están de vuelta. A la entrada de la Base el agente detiene el coche y Duncan baja. Sobre el asiento delantero, junto al conductor, van el manojito de llaves de Mary y el frasco del tapón historiado.

—Como lo toque usted, olerá a señorita, eso le pasó ayer al agente Traber —bromea mi hermano al despedirse.

La barrera se levanta y el coche enfila la carretera a buena marcha.

Volvemos despacio hacia casa de los abuelos. Vamos a pasar la tarde allí todos reunidos, descansando de todo este ajetreo.

Roger, Duncan, Marco y yo hacemos grupo aparte. No podemos dejar de hablar y hablar, siempre de lo mismo: hidropónicos —la palabreja ya no es tan familiar como nuestros propios nombres—, muestras, compuestos, hambre, Yuri Sako...

El teniente Sar pasa un rato con nosotros y también comentamos con él, pero sólo sobre la aventura de ayer. No podemos decirle aún nada de lo que está ocurriendo ahora.

A las cinco el abuelo abandona la reunión que hemos hecho en el hall de la casa y sube a su cuarto para quitarse el traje de ceremonia y ponerse, otra vez, su cómoda ropa de trabajo.

Roger ha salido hace un momento a recoger el informe que ya debe estar redactado en el laboratorio.

Ahora es cuando va a estallar la bomba. Me siento junto a la ventana y espero. Marco y Duncan se mueven inquietos por la habitación, detrás de mí. Estamos tan nerviosos que ya no podemos ni hablarnos.

Son casi las seis cuando veo a Roger venir corriendo hacia la casa. Trae unos papeles en la mano. Me ve desde lejos y me grita:

—¡Buenas noticias, agente Tres Catorce! La pata de Piki, que Duncan metió en el frasco de las sales, ha llegado felizmente a manos de Yuri Sako.

Marco y Duncan saltan al jardín a través de la ventana abierta. Yo tengo que dar la vuelta y salir por la puerta: mi elegante traje no me permite hacer piruetas. Corro al encuentro de Roger. A mi espalda la familia entera entra en conmoción.

—¿Qué os pasa? ¿Qué ha dicho Roger?

Roger se planta en medio de la espectante reunión y lee en voz alta el telegrama:

—Viaje magnífico. Gracias por las sales. Yuri Sako encantado. Operación Pata de Oso perfecta. Abrazos, Mary.

Hay un silencio cargado de interrogaciones, que dura un largo instante. Luego, todos se nos echan encima en un verdadero aluvión de preguntas.

Marco, Duncan y yo tenemos que empezar la historia desde el principio:

—En la pata del osito de Elizabeth... Roger se lo contó a Alex y a Mary y a ella se le ocurrió... y Duncan metió la pata de Piki en el frasco... ¡Y el agente lo llevó al aeropuerto sin abrirlo!

El abuelo está contento, aunque tiene en la mano el informe que dice que la solución de ayer estaba pobre.

¡Qué tranquila voy a dormir esta noche!

Querida Pinayara:

Gracias por tu informe, gracias también por haberlo enviado tan rápidamente. Has hecho un buen servicio a la nación, a la ciencia y a mí.

Tu estilo resulta claro, ameno y de una gran fuerza descriptiva. Me ha resultado muy interesante y agradable vivir contigo todas las incidencias de la Operación Pata de Oso. Estoy seguro de que tus notas en redacción son magníficas.

Algo quiero que quede claro entre tú y yo. Nadie te ha «mandado» que me envíes tu relación: yo indiqué a tu abuelo que me gustaría leerla, ya que la habías escrito, y estoy seguro de que él te transmitió fielmente mi deseo. ¿No eres un poquitín demasiado susceptible?

Si yo fuera mi buen amigo Pedro Rozarena estaría muy orgulloso de mis nietos: de ti, Pinayara, de Duncan y también de la pequeña Elizabeth, que con su habilidad y temple de carácter contribuyó tanto al éxito de la operación.

No creas que olvido a Marco, también de él tengo una espléndida opinión. Simplemente le dedico párrafo aparte. Supongo que tú le reservas en tu afecto un lugar distinto del que dedicas a Duncan y a Eli, ¿me equivoco?

Remitiré tu informe a Marco tan pronto como encuentre ocasión oportuna de hacerlo de un modo discreto, ¿satisfecha?

Espero que los cuatro protagonistas de la Operación Pata de Oso volveréis a encontraros pronto, otra vez juntos, en la B.E.N. Para los cuatro tiene tu abuelo un pequeño recuerdo, que os entregará a cada uno de mi parte. Guardadlo como muestra del afecto y el agradecimiento que siente por vosotros vuestro viejo y buen amigo.

Pablo.

P. S. Sí, los presidentes también firmamos Pablo, como cualquier ciudadano, cuando escribimos a un amigo. Antes que presidentes somos siempre personas y un amigo vale por millones de posibles electores.

TÍTULOS PUBLICADOS

1. *A bordo de la Gaviota.* Fernando Alonso.
2. *El hijo del jardinero.* Juan Farias.
3. *Oposiciones a bruja y otros cuentos.* José Antonio del Cañizo.
4. *Montes, pájaros y amigos.* Montserrat del Amo.
5. *Cuatro o tres manzanas verdes.* Carmen Vázquez-Vigo.
6. *El largo verano de Eugenia Mestre.* Pilar Molina Llorente.
7. *El Mago de Esmirna.* Joan Manuel Gisbert.
8. *Mi tío Teo.* Pilar Mateos.
9. *El árbol de los pájaros sin vuelo.* Concha López Narváez.
10. *El soñador.* Joles Sennell.
11. *El faro del viento.* Fernando Alonso.
12. *La leyenda de Boni Martín.* José Luis Olaizola.
13. *Nadie habrá estado allí.* Ángela C. Ionescu.
14. *Unos zuecos para mí.* Carmen Pérez-Avello.
15. *Adiós, Josefina.* José María Sánchez-Silva.
16. *Operación Pata de Oso.* María Puncel.
17. *Historia de una receta.* Carles Cano.
18. *¡¡¡Lambertooo!!!* Jordi Sierra i Fabra.

En la realización de esta obra han colaborado las siguientes personas: **coordinación editorial**, Georgina Villanueva (**colaboradora:** Charo Mascaraque); **equipo técnico,** Juan Carlos Quignon.

EDICIONES ANAYA, S. A. - 1988 - Madrid: Josefa Valcárcel, 27 - Depósito Legal: M. 5.364 - 1988 - ISBN: 84-207-2977-9 - Printed in Spain - Imprime: Josmar, S. A. - Artesanía, 17 - Polígono Industrial de Coslada (Madrid).

NOMBRE ....

....

APELLIDOS ....

....

Esta es la sorpresa que El duende verde te tenía reservada: un marcapáginas, que podrás utilizar en la lectura de este libro. Recórtalo, siguiendo la línea de puntos.

ANAYA